Stimmen zum Buch

Die Jahre des Älterwerdens sind ein besonderes Geschenk und eine große Aufgabe! Großartig, wie Christoph Morgner in seinen Ausführungen Hilfen und Tipps gibt: kurzweilig, hintergründig, humorvoll, vom Evangelium geprägt. Und auf jeden Fall alltagstauglich! Das macht Mut.

Theo Schneider, früherer Generalsekretär des
Evangelischen Gnadauer Gemeinschaftsverbandes

Wer im Einklang mit Gott lebt, für den ist das Alter nicht bloß der Ausklang aktiven Lebens. Christoph Morgner zeigt ganz praktisch, welche Chancen ein sinnvolles, bewusst gestaltetes Altwerden hat. Und dass man nicht früh genug beginnen kann, sich auf diesen Lebensabschnitt vorzubereiten.

Peter Hahne, TV-Moderator und Bestsellerautor

Christoph Morgner

Weise & gelassen älter werden

Die Bibelzitate folgen der Lutherbibel, revidierter Text
1984, durchgesehene Ausgabe,
© 1999 Deutsche Bibelgesellschaft, Stuttgart.

© 2020 Brunnen Verlag GmbH, Gießen
www.brunnen-verlag.de
Lektorat: Konstanze von der Pahlen
Umschlagfoto: shutterstock
Umschlaggestaltung: Jonathan Maul
Satz: DTP Brunnen
Druck: GGP Media GmbH, Pößneck
ISBN 978-3-7655-0756-4

Inhaltsverzeichnis

Persönliches vorweg 7

1. Wann ist man eigentlich alt? 9

2. Wir freuen uns über unser Alter
   und danken Gott 14

3. Wir pflegen unsere Gottesbeziehung 19

4. Kleines Intermezzo: Alte Menschen
   in der Bibel 23

5. Das will gelernt sein: Loslassen
   und Ergreifen 29

6. Die kostbare Zeit genießen und nutzen 40

7. Arbeiten hält uns munter 45

8. Wir pflegen die vier großen L:
   Lernen 53
   Laufen 58
   Lieben 63
   Lachen 67

9. ... dann kommt etwas dazwischen:
   Wir scheitern 72

10. ... und auch das noch: Wir werden krank 78

11. Hilfe(n) annehmen – das will gelernt sein! 85

12. Demenz – und nichts bleibt, wie es war 90

13. Ende gut – hoffentlich alles gut 97

Quellenangaben 107

Persönliches vorweg

Was mir vor einigen Jahren passierte, steckt mir noch tief in den Knochen. Es war auf Rügen. Meine Frau und ich wollten den neu errichteten Baumwipfelpfad – sehr empfehlenswert! – erwandern, um unserer Gesundheit Gutes zu tun und aus vierzig Metern Höhe die Insel zu überblicken. Ich ging zur Kasse, um die Tickets zu erwerben. Da fragte mich doch der junge Mann hinter dem Tresen: „Haben Sie Ihren Rentnerausweis dabei?" Das traf mein Gemüt wie ein Donnerschlag. War ich doch bis zu diesem Tag von meinem geradezu jugendlich-dynamischen Äußeren überzeugt. Schritt ich nicht fit und elastisch daher? Spielte ich nicht sogar gelegentlich mit unseren Enkeln Fußball?! Und nun das: der Rentnerausweis. Das war ein Stich in mein Herz.

Wenige Jahre später kam ich erneut dorthin. Derselbe junge Mann an der Kasse. Ob ich ermäßigungsberechtigt wäre, fragte er mich. „Schauen Sie mich an, dann wissen Sie Bescheid", gab ich zurück. Umgehend erhielt ich den Nachlass für Rentner. Seitdem trage ich mich leise mit dem Gedanken, zur älteren Generation zu gehören. Und der Gedanke wird in mir von Jahr zu Jahr lauter ...

Auch meine Frau hat für sich denselben Eindruck gewinnen müssen, war sie doch kürzlich mit unserer Tochter unterwegs. Die wollte sich eine neue Jeans kaufen. Sie hielt eine in der Hand. „Die kriegst du bestimmt billiger", meinte meine preisbewusste Frau, „die hat ja Löcher." „Aber das ist ja gerade das Moderne daran!", erwiderte unsere Tochter empört. „Cool ist das! So tragen das jetzt alle. Aber in deinem Alter verstehst du das ja nicht mehr!"

Kurzum – meine Frau und ich fragen: Wann ist man eigentlich alt?

1. Wann ist man eigentlich alt?

In meiner früheren Gemeinde in Niedersachsen besuchte ich eine Frau, zweiundachtzig Jahre alt, und lud sie zum Seniorennachmittag ein. „Ich – zum Seniorennachmittag? Was soll ich denn dort?", war ihre erstaunte Reaktion. „Da gehen doch nur alte Leute hin!"

Ein Einzelfall? Keineswegs! Alt werden will bekanntlich jeder. Es ist schließlich die einzige Möglichkeit, lange zu leben. Forscher haben übrigens herausgefunden, dass Menschen, die häufig Geburtstag feiern, länger leben. Aber alt sein? Eine Zweiundachtzigjährige jedenfalls nicht!

Und Fünfundsechzigjährige erst recht nicht. Als damals unser dörflicher Ortsrat zur Adventsfeier für Senioren einlud, meinte er es gut. Doch viele schüttelten den Kopf und warfen die Einladung sofort in den Papierkorb. Wir, mit fünfundsechzig und knapp darüber, zu den Senioren? Niemals!

Aber wann wird es denn nun Zeit, sich beim Seniorenkreis einzufinden? Wann ist man eigentlich alt?

Da habe ich manche kauzige Antworten gefunden: Alt ist man dann,

… wenn man beim Zubinden der Schnürsenkel überlegt: „Was kann ich wohl noch erledigen, wenn ich schon mal hier unten bin?"

… wenn die Kerzen auf dem Geburtstagskuchen mehr gekostet haben als das süße Gebäck selbst.

… wenn man mehr Bekannte auf dem Friedhof hat als unter den Lebenden.

Alt sein? Nein, danke. Wer will das schon? Unwillkürlich verbinden wir damit Begriffe wie senil, dement, lethargisch, erwartungslos, klapprig. Die Zielgerade ist erreicht, das

Ende ist nah. Jetzt befindet man sich auf einem toten Gleis. Mit dem Eintritt in den Ruhestand geht's bergab. Perspektive gegen null. Der Körper wird peu à peu zur Baustelle. Alter – ein Abrissunternehmen, offensichtlich vor allem bei anderen.

Der Schriftsteller Eugen Roth bringt es humoristisch auf den Punkt:

Wir sehn mit Grauen ringsherum,
die Leute werden alt und dumm.
Nur wir allein im weiten Kreise,
wir bleiben jung und werden weise.[1]

Wenn das nur so leicht ginge! Auf jeden Fall möchten wir nach dem Eintritt in den Ruhestand einigermaßen fit und lebensfroh unsere letzten Lebensjahrzehnte angehen.

Heute ist der Ruhestand glücklicherweise keine Restzeit mehr, in der unser Leben sachte austrudelt, sondern eine eigenständige Lebensphase von – statistisch gesehen – beachtlicher Länge, „oft die längste zusammenhängende Zeit in der Biografie eines Menschen"[2]. Die beruflichen Verpflichtungen liegen hinter uns. Weil wir über ein hohes Potenzial an Fähigkeiten und Lebenskraft verfügen, kann der Ruhestand zu einem Betätigungs- und Lernfeld eigener Art werden.

Sprachlich kommt „alt" übrigens vom lateinischen „alo" bzw. „alere", was so viel bedeutet wie „ernähren, wachsen und wachsen lassen". „Altus" ist das Gereifte, das Gewachsene. Es ist etwas „erwachsen" geworden. Das Alte(r) hat somit einen hohen Wert. Aber diese Werte verschieben sich. Manches spitzt sich im vorgerückten Alter zu, denn „wir können den Nachmittag des Lebens nicht nach demselben Programm leben wie den Morgen"[3].

Neue Chancen

Dass, wie Hermann Hesse einmal formuliert hat, „jedem Anfang ein Zauber" innewohnt, versteht sich dabei nicht von selbst. Mancher wird widersprechen: „Von Zauber keine Spur!" Warum? Mit dem Eintritt in den Ruhestand verschieben sich einige Rahmenbedingungen, die bisher selbstverständlich waren. Zwar wird der Leistungsdruck des Berufslebens vom Dauerurlaub abgelöst. Morgens kann länger geschlafen werden. Der lästige Wecker wird abgeschafft. Entspannung pur!

Aber leider reduziert sich auch manches. Etwa der finanzielle Spielraum. Ob die Rente den gewohnten Lebensstandard sichern kann? Welche Einschnitte müssen verkraftet werden? Außerdem: Eheleute müssen sich daran gewöhnen, dass der Partner nun ständig zu Hause ist. Vieles im Miteinanderleben wird sich verändern. Die häuslichen Rollen werden neu verteilt: Wer findet morgens zuerst aus dem Bett und deckt den Frühstückstisch? Wer kauft ein? Hoffentlich wird die Arbeitsteilung zur beiderseitigen Zufriedenheit geregelt!

Im Miteinander bleiben Missverständnisse nicht aus, wie die folgende Begebenheit zeigt:

Ein Ehepaar feiert nach langen Ehejahren das Fest der Goldenen Hochzeit. Beim gemeinsamen Frühstück denkt die Frau: „Seit fünfzig Jahren habe ich auf meinen Mann Rücksicht genommen und ihm immer das knusprige Oberteil des Brötchens gegeben. Heute will ich mir endlich diese Delikatesse selbst gönnen." Sie schmiert sich das Oberteil des Brötchens und gibt das untere Teil ihrem Mann.

Entgegen ihrer Erwartung ist dieser hocherfreut, küsst ihre Hand und sagt: „Mein Liebling, du bereitest mir die größte Freude des Tages. Über fünfzig Jahre habe ich das

Brötchen-Unterteil nicht mehr gegessen, das ich vom Brötchen am allerliebsten mag. Ich dachte mir immer, du solltest es haben, weil es dir so gut schmeckt.[4]

Wer mit seinem Ehepartner im lebendigen Gespräch bleibt, wer dazu viele Freunde und Bekannte hat, die eigenen Fähigkeiten kennt und nutzt, dem wird die neue Lage wenig Probleme bereiten. Denn sie eröffnet viele Chancen, das Leben in veränderter Weise auszugestalten. Der Alltag erweitert sich. Neue Möglichkeiten der Freizeitgestaltung tun sich auf. Nun ist mehr Zeit für Hobbys, für Reisen, für Fahrradtouren, aber auch für Konzert- und Theaterbesuche etc. Die Möglichkeiten sind Legion – je nach Vorlieben und finanziellen Möglichkeiten.

Tatsache ist: Wie *alt* wir einmal werden, haben wir nur begrenzt in der Hand. Aber *wie* wir alt werden, unter welchen Umständen und in welchem Format, das können wir selbst beeinflussen. Das kommt nicht einfach über uns, sondern dafür sind wir zu hohen Teilen selbst verantwortlich. Das will gewollt und angestrebt werden und hat auch mit unserem Denken, mit unserem Verhalten und unserem Glauben zu tun. Darum geht's: Altwerden mit Verstand und Gottvertrauen.

Das Ehepaar feiert gemeinsam den 60. Geburtstag. Dabei überkommt die Frau der Wunsch, doch einmal etwas von der großen Welt zu sehen. Deshalb bittet sie Gott: „Jahrzehntelang habe ich mich für meine Familie abgearbeitet. Ich habe mich nicht geschont. Freizeit und Urlaub habe ich kaum gekannt. Nun habe ich den Wunsch, endlich einmal eine Weltreise zu unternehmen, eine Kreuzfahrt zu den schönsten Fleckchen der Erde."

Kaum hat sie ihren Wunsch ausgesprochen, liegen die er-

sehnten Papiere vor ihr: Flugtickets, Hotelbuchungen und vieles mehr. Alles, was für die große Reise nötig ist. Die Frau staunt, ist beglückt und dankt Gott für dieses Geschenk.

Da wird ihr Mann neidisch. „Lieber Gott, darf ich dich auch um etwas bitten?"

„Ja, natürlich", kriegt er zu hören.

„Ich wünsche mir eine dreißig Jahre jüngere Frau!"

Man stelle sich vor: Auch dieser Wunsch wird augenblicklich erhört: Ab sofort ist der Mann – schwuppdiwupp – neunzig.

2. Wir freuen uns über unser Alter und danken Gott

Hurra, wir leben! Es gibt uns noch. Gott will uns haben. Es ist ein Geschenk, dass wir über dieses Thema nachdenken dürfen. Grund für Lob- und Dankgesänge! Als Reichskanzler Bismarck im 19. Jahrhundert die Rentenversicherung einführte, kam kaum einer in den Genuss dieser Altersversorgung: Sie wurde nämlich erst ab dem siebzigsten Lebensjahr ausgezahlt. Doch dieses Alter erreichten nur wenige.

Anders geht es heute zu. Immer mehr Menschen werden immer älter. Wer heute siebzig Jahre alt ist und einigermaßen gesund, der hat statistisch noch rund zwanzig Jahre (Männer) bzw. rund dreiundzwanzig Jahre (Frauen) vor sich. Pfarrfrauen, so habe ich mir sagen lassen, werden besonders alt. Ein Drittel der Mädchen, die heute geboren werden, hat in unseren Breitengraden eine statistische Lebenserwartung von hundert Jahren.

Insgesamt: Tendenz steigend. Gott sei Dank! Zivilisation und medizinischer Fortschritt ermöglichen uns ein Lebensalter, von dem unsere Vorfahren nur träumen konnten. Wir gehören zu den wenigen Menschen auf der Welt, die sich auf der Sonnenseite befinden. Indem wir Gott dafür danken, machen wir uns bewusst, wie gut wir dran sind. Das versteht sich nicht von selbst.

Nur dieses eine Leben?

Bei vielen ist die Sehnsucht riesig, sehr alt zu werden. Aber hier hat sich in den vergangenen Jahrhunderten viel verschoben. In früheren Zeiten lebte man vielleicht gut vierzig Jahre. Viel mehr gab die allgemeine Lebenserwartung nicht her. Aber man war überzeugt: Ich habe die Ewigkeit im Jenseits vor mir.

Heute lebt man vielleicht achtzig, neunzig Jahre. Aber die meisten sind überzeugt: Das war's dann auch. Darüber hinaus sieht man keine Perspektive und denkt: „Mit dem Tod ist alles aus und vorbei."

Das verändert natürlich die Lebenshaltung. Wer nur das Diesseits hat, muss hier und heute alles Glück erwerben und auskosten, so gut es nur geht. Das erhöht den Druck, den man auf sich ausübt.

Auch deshalb sind die Erwartungen an Medizin und Wellness gigantisch geworden. Ärzte werden als „Halbgötter in Weiß" mit Verehrung überhäuft und mit Erwartungen überfordert. Angebote lebensverlängernder Maßnahmen stehen hoch im Kurs. Weil man die Ewigkeit verloren hat, bleibt schließlich nur dieses eine Leben – und das muss dann „mit aller Gewalt" alle Erwartungen erfüllen.

„Erstmals seit Bestehen der Menschheit sind Menschen in Mitteleuropa nicht mehr so ganz sicher, ob nicht vielleicht doch mit dem Tod alles aus ist", stellt Manfred Lütz fest.[5] Und Dieter Hildebrandt schreibt: „Das Altern ist gerade noch erlaubt, aber man sieht es nicht gerne"[6] – weder bei sich noch bei anderen. Warum? Manfred Lütz sagt es zugespitzt: „Eine ganze Gesellschaft ist in kopfloser Flucht vor dem Tod."[7]

Wie die Zeit vergeht!

Umso kostbarer werden dann Augenblicke, in denen man das Leben genießt und die Zeit am liebsten anhalten würde. Das wusste bereits Johann Wolfgang von Goethe (1749–1832): „Möcht ich zum Augenblicke sagen, verweile doch, du bist so schön." Jeder weiß von Momenten, in denen er besonders glücklich war. Da möchte man am liebsten die Augen schließen und die Uhr anhalten: So soll es für immer bleiben. Ja nicht weiter, ja nicht verändern. Am liebsten das Rad der Zeit zurückdrehen: „Man müsste noch mal zwanzig sein …" Kein Wunder, dass an keiner Grenze so geschummelt wird wie an der Altersgrenze.

Doch hier lauert die Gefahr, dass wir nicht mit der Zeit gehen, sondern lediglich dem Vergangenen nachtrauern. Das wird dabei oft in ein goldenes Licht getaucht: alles hell, alles gut, alles freundlich. Die Gegenwart hingegen wird eher als bedrückend erlebt. Das Entscheidende fand in der Vergangenheit statt. Was für ein Jammer, dass man nicht wieder dorthin zurückgehen kann!

Die Sehnsucht nach Entschleunigung – so sagt man heute – liegt dann besonders nahe, wenn wir älter werden. Langsamer soll die Zeit laufen. Doch dreht sie sich, je älter wir werden, nicht immer schneller?!

Bei einer Veranstaltung Mitte September erinnerte ich daran: „In drei Monaten ist Weihnachten", woraufhin ein leises Seufzen zu vernehmen war: „Tja, schon wieder. Haben wir nicht gerade erst die Weihnachtssachen weggeräumt?"

Warum dieses Empfinden im Alter: Die Zeit vergeht schneller? Untersuchungen belegen, was wir selbst erleben: Die Abläufe und Handgriffe sind im Laufe der Jahrzehnte zur Routine geworden. Im Kinder- und Jugendalter dagegen hat vieles den Reiz des Neuen. Es muss erobert und gelernt werden: Zähneputzen, Einkaufen, schulisches Pensum etc. Da geht es oft mühevoll und zeitaufwendig zu. Das Leben wird als spannend und aufregend empfunden. Wir Älteren erledigen vieles mit der linken Hand. Unsere alltäglichen Abläufe sind eingespielt. Diejenigen Ereignisse werden selten, die wir zum ersten Mal erleben. Außerdem steht vielen nicht – oder nicht mehr – der Sinn danach, Neues auszuprobieren.

Zugleich nimmt der Zeitdruck zu. Viele stehen wie unter Dampf. Davon wusste bereits Hiob: „Der Mensch lebt kurze Zeit und ist voll Unruhe" (Hiob 14,1). Warum? Wenn ich nur dieses eine kleine Leben habe, muss ich zusehen, nichts zu verpassen. Alles will ich mitkriegen und mitmachen.

Erst recht dort, wo man keine Ewigkeit kennt, wird das Hier und Heute zum Ein und Alles. Der Tod gerät zum schieren Unglück, in dem uns alles genommen wird, was wir sind und haben. „Man könnte hierin eine Tragödie des modernen Menschen sehen. Während er den Eindruck hat, in einem unbarmherzigen Hamsterrad gefangen zu sein, wird sein Lebens- und Welthunger nicht befriedigt, sondern zunehmend frustriert."[8] Er findet nie das Maß an Erfüllung, das er ersehnt.

Und am Lebensende ist man wirklich am Ende. So hat es ein Freund erlebt, der einen Anruf von einem älteren Ehepaar bekam. Das berichtete ihm von seinem Umzug in ein Seniorenheim und teilte die neue Adresse mit. Der Freund fragte: „Wie geht es euch jetzt?" Die triste Antwort: „Wir sitzen hier und warten auf den Tod." So sieht es aus, wenn Menschen über ihren Tod hinaus nichts zu hoffen haben. Da gleicht das Leben im Alter einem Wartesaal auf den Tod.

In Ewigkeit vollendet

Anders geht es dagegen zu, wenn wir uns im Glauben geborgen wissen. In Gottes Händen aufgehoben zu sein, verhilft uns zu einem gelassenen und zugleich zielstrebigen Leben. Als Christ weiß ich: Gott hat mir mein Lebensmaß zugemessen. Daran kann ich nichts ändern. Und danach wartet auf mich ein ewiges Zuhause bei Gott.

Deshalb muss ich in diesem Leben nicht alles haben, alles gewinnen und alles leisten. Auch dort, wo es bei mir bruchstückhaft zugeht und ich im Rückblick erkenne, was mir alles nicht gelungen ist: Mein Leben als Christ wird nicht hier auf diesem Erdboden vollendet, sondern in Gottes Ewigkeit. Weil ich heute zu Jesus gehöre, habe ich Zukunft ohne Ende. Der Tod ist mir keine Mauer mehr, an der alles zerschellt, sondern die Tür, die mir aufgeht zum Himmel.

Das zu wissen, entlastet. Es nimmt den Druck heraus. Es entkrampft, was meine Glückserwartungen hier und heute betrifft. Unter einem offenen Himmel lebt es sich getroster und fröhlicher. Uns läuft auch im Alter die Zeit nicht weg – deshalb können wir alle Tage zuversichtlich leben.

Als Christen nehmen wir alles aus der Perspektive des Glaubens wahr. Unser Glaube ist kein abgegrenzter Bezirk, den man betritt und wieder verlässt, sondern er ist das prägende Vorzeichen für alles, was wir tun und lassen. Alles will vom Glauben durchdrungen und eingefärbt sein. Ganz im Sinne des Apostels Paulus: „Alles, was ihr tut mit Worten oder mit Werken, das tut alles im Namen des Herrn Jesus, und dankt Gott, dem Vater, durch ihn" (Kolosser 3,17). Es gibt keinen Sektor, auf dem wir vom Glauben absehen könnten. Erst recht nicht, wenn's ums Altern geht.

Spätestens jetzt zeigt sich, ob unser Glaube nur schönes Wetter verträgt oder ob er auch dann lebendig und tragfähig ist, wenn sich Lebensumstände gravierend ändern und sich manches Gute nicht mehr von selbst versteht.

3. Wir pflegen unsere Gottesbeziehung

Glaube lebt davon: Gott begegnet uns und wir ihm. Glauben ist ein Kontaktgeschehen. Er liebt uns, wir lieben ihn, unseren Gott und Heiland.

Gemeinschaft mit Gott

Natürlich verstehen wir Glauben als ein Geschenk. Er wächst nicht in unserem Garten. Wir verfügen nicht über ihn. Aber wie das mit Geschenken so ist: Man muss sie auspacken, entdecken und pflegen. Schade, wenn sie still in der Ecke verstauben. Glaube will gelebt, bewahrt und gestaltet sein. So wie die Beziehung der Ehe: Da ist es nicht damit getan, dass man Ja zueinander sagt und sich gegenseitig die Ringe aufsteckt. Nein, danach geht's erst richtig los. Nicht umsonst spricht der Apostel Paulus häufig vom „Wachsen im Glauben" (u. a. 2. Thessalonicher 1,3).

Das bedeutet praktisch: Es soll täglich ein paar Minuten geben, in denen Gott mit uns allein ist. Er redet, wir hören. Dafür gibt es unterschiedliche Modelle, die uns Gottes gute Worte nahebringen:

- das Kleinformat der Herrnhuter Losungen,
- die ökumenische Bibellese,
- eine eigene Bibel-Leseordnung.

Es kommt nicht auf die Menge an. Aber unsere Existenz als Christen hängt daran, dass Gott zu uns reden kann und wir zu ihm beten. Unaufhörlich hin und her. Das Ergebnis: Der Herr, mit dem wir umgehen, geht auf lange Sicht mit uns um. Er formt unser Verhalten und prägt uns. Deshalb sollten das Bibellesen und das Beten zu unserem Tagesablauf gehören wie das Zähneputzen. Beides hält uns frisch.

Wo uns im Ruhestand nicht mehr der berufliche Stress den zeitlichen Takt vorgibt, wird es uns leichter möglich, den Kontakt mit Gott intensiver zu pflegen, dem Gebet und dem Bibellesen mehr Zeit einzuräumen, als das vorher denkbar war.

Weil man bekanntlich im Alter meistens in unterschiedlichen Graden vergesslicher wird, kommt es vor, dass man bereits nach wenigen Stunden vergisst, was man gelesen hat. Manche schämen sich deshalb. Aber das ist nicht nötig. Denn das Wort Gottes wirkt in uns auch dann, wenn wir es nicht mehr bewusst intus haben. Dabei verhält es sich wie mit dem Wasser, nachdem es geregnet hat. Es ist auf dem Rasen sichtbar. Bald aber nicht mehr. Warum? Das Wasser ist in den Boden eingezogen und reichert am Ende sogar den Grundwasserspiegel an. So auch das Wort Gottes, das wir aufnehmen. Es geht nicht verloren, sondern dringt in unser Inneres ein. Es prägt uns, ohne dass wir das immer bemerken.

Das wird durch eine schlichte Begebenheit unterstrichen:

Die Oma war alt geworden. Ihr Gedächtnis war nicht mehr das beste. Dennoch ging sie Sonntag für Sonntag zum Gottesdienst. Hinterher fragte man sie zu Hause: „Na, Oma, wie war's im Gottesdienst, worüber hat der Pfarrer gepredigt?" Da fiel der Oma nichts mehr ein: „Das hab ich vergessen."

„Aber Oma, wozu gehst du denn zur Kirche, wo doch dein Gedächtnis wie ein Sieb ist?"

„Ja, mit dem Sieb, das stimmt", gibt die Oma zurück. „Wenn man Wasser reinschüttet, läuft alles durch. Da bleibt nichts hängen. Aber – das Sieb wird sauber."

So geht es mit dem göttlichen Wort zu, das wir in uns aufnehmen. Seine Wirkung ist nicht unbedingt davon abhängig, dass wir uns später noch daran erinnern. Indem wir es lesen oder hören, dringt es in uns ein. Es wirkt auf jeden Fall.

Gemeinschaft mit Menschen

Zur persönlichen Glaubenspraxis gehört auch die Gemeinschaft mit anderen Christen. Wer glaubt, steht nicht allein. Glauben geht auf Dauer nur in der Mehrzahl gut. Er verbindet uns nicht nur mit Gott, sondern auch mit den Christen neben uns. Es ist wichtig, dass wir hier unseren Platz finden und uns einbringen.

Glauben und Alter – das scheint eine treffliche Verbindung zu sein. Viele sind noch religiös sozialisiert: durch die Familie, die Schule, den Konfirmandenunterricht, vielleicht später durch die kirchliche Jugendarbeit. Es kann doch nicht schwer sein, daran anzuknüpfen und Brücken zu unseren kirchlichen Angeboten zu bauen!

Darüber hinaus sollten doch Menschen, die eine Fülle an Lebenserfahrung gewonnen, manches Schwere durchgestanden haben und öfter an die Grenzen ihrer Möglichkeiten gekommen waren, dem Glauben leichter zugeneigt sein – sollte man meinen. Die „Vorstellung, dass auf die heutigen und die künftigen Senioren Verlass ist, weil sie der Lebenszyklus gleichsam automatisch in die Kirchen führt, ist unter den kirchlichen Verantwortungsträgern weit verbreitet."[9] Da, demografisch bedingt, die Zahl älterer Menschen kontinuierlich zunimmt, sollte sich demzufolge gelassener Optimismus einstellen. Doch es zeigt sich, was bereits Martin Luther wusste: „Christen sind seltene Vögel."

Statistiken und Prognosen sprechen eine deutliche Sprache. Das zunehmende Alter unserer Zeitgenossen spielt uns

nicht mehr unbedingt in die christlichen Karten. „Je älter, desto frömmer", gilt längst nicht mehr. Das wird besonders augenfällig, wenn es um christliche Inhalte geht:
- Die Aussage unseres Glaubens, dass es ein Leben nach dem Tod gibt, wird derzeit nur von 32 % der älteren Generation bejaht. Bei den 18- bis 29-Jährigen sind es hingegen 41 %.
- 61 % der Älteren sind überzeugt: Mit dem Tod ist alles aus. Dagegen sind nur 41 % der Jüngeren dieser Meinung.
- Dass das Leben sinnlos ist, wird von drei- bis viermal so vielen Älteren behauptet wie von Jüngeren.

Das gibt zu denken.

Fazit: Viele Ältere sind „christlich obdachlos" und gehen hoffnungsarm in die Zukunft. Man lebt zunehmend alltagsbezogen pragmatisch: Was nützt es mir? Was habe ich heute davon? Was bringt's? Man begnügt sich, über die Runden zu kommen, ohne über größere Sinnzusammenhänge nachzudenken.

Wir sehen: Glauben im Alter ist kein Selbstläufer. Wir werden als Christen nicht getragen von einer Woge allgemeiner Akzeptanz. Umso wichtiger wird es sein, unseren Glauben nicht zu verstecken, sondern einladend, offen und werbend dazu zu stehen und zu versuchen, viele auf diesen guten Weg einzuladen – auch durch neue, veränderte Formen der Seniorenarbeit.

4. Kleines Intermezzo: Alte Menschen in der Bibel

Wussten Sie schon? Die Bibel wird wesentlich durch „alte Menschen" geprägt, die wir jedoch kaum als alt empfinden, weil sie sich nicht unbedingt alterstypisch verhalten. Sie sind weder in den Kräften begrenzt noch geistig verwirrt oder in der Lebensenergie gemindert. Im Gegenteil: Die uns vorgestellten älteren Männer und Frauen verhalten sich meist verantwortungsbewusst und zukunftsorientiert.

... im Alten Testament

Das beginnt bereits im *Alten Testament*:
- Noah baut im hohen Alter auf dem trockenen Land die rettende Arche (1. Mose 6,5ff).
- Abraham bricht mit seiner Frau Sara aus vertrauten Verhältnissen in eine ungesicherte Zukunft auf (1. Mose 12, 1-3).
- Mose führt bis ins ruhestandsfähige Alter hinein das Volk Israel aus der Sklaverei in Ägypten in die Freiheit (2. Mose) und stirbt mitten in den Sielen im Alter von 120 Jahren (5. Mose 34).
- Sein Nachfolger Josua stirbt mit 110 Jahren, nachdem er das Volk in die von Gott zugesagte Heimat gebracht hat (Josua 24,29).

Die Reihe lässt sich beliebig fortsetzen. Wir haben es mit Personen zu tun, die auch in ihren späteren Lebensjahren von Gott für bestimmte Aufgaben gebraucht werden und die sich dieser Verantwortung auch stellen.

Im Alten Testament wird ein langes Leben als besonderer Segen Gottes betrachtet. „Alt und lebenssatt" sterben zu können, gilt als hohes Gut (1. Mose 25,8). „Du wirst im Alter zu Grabe kommen wie Garben eingebracht werden zur rechten Zeit" (Hiob 5,26).

Eine Lebenszeit von siebzig bis achtzig Jahren wird als beachtlich empfunden (Psalm 90,10). Dagegen wird ein früher, vorzeitiger Tod als schlimmes Ende betrachtet (Jeremia 17,11), das man allenfalls seinen Feinden wünscht (Psalm 58,9). So ist der König Hiskia bestürzt, als ihm mitgeteilt wird, er müsse im besten Alter sterben (Jesaja 38). Auf sein dringendes Gebet hin werden ihm noch fünfzehn Lebensjahre zugegeben.

Noch im Mittelalter galt ein plötzlicher Tod als Zugriff des Teufels. Denn wer unversehens starb, konnte nicht mehr die Gnadenmittel der Kirche in Anspruch nehmen. Auch war ihm das Abschiednehmen von seinen Angehörigen verwehrt. Der schnelle Tod schien anzuzeigen, dass der Teufel seine Beute geholt hatte. Aus diesem Grund wurde säuberlich dokumentiert, wie ruhig und sanft Martin Luther im Jahr 1543 in Eisleben verstorben war. Seine Gegner zeigten sich vorher nämlich sicher: Den holt eines Tages der Teufel.

„Das Alter hat seine auf die Lust am Leben drückenden Beschwerden, Altersbeschwerden", stellte Eberhard Jüngel fest.[10] Auch in der Bibel bleibt die Mühsal nicht ausgeklammert, die sich im Alter einzustellen pflegt. Im Buch des Predigers wird sie andeutend geschildert: Arme und Beine erlahmen, das Hören wie auch das Sehen lassen spürbar nach, Zähne fallen aus (Prediger 12,1ff; siehe auch Psalm 71). „Von einer Romantisierung des Alters ist das Alte Testament also weit entfernt, allerdings auch von Altersjammer."[11]

Die Kraft, die manchmal beschwerlichen Jahre des Alters durchzustehen, erwächst aus der vertrauensvollen Verbindung zu Gott, der verspricht: „Auch bis in euer Alter bin ich derselbe, und ich will euch tragen, bis ihr grau werdet. Ich habe es getan; ich will heben und tragen und erretten" (Jesaja 46,4).

Der alte Mensch sieht seine Verantwortung für die nachfolgenden Generationen und betrachtet sich für die Jüngeren als „Zeichen" (Psalm 71,7) dafür, wie wunderbar Gott handeln kann. Ihn und seine „Wohltaten" gilt es bis zuletzt zu rühmen (Psalm 71,15).

Alten Menschen gebührt besonderer Respekt angesichts ihrer Lebensleistung und ihrer Gotteserfahrung: „Vor einem grauen Haupte sollst du aufstehen und die Alten ehren" (3. Mose 19,32).

Die größere Lebenserfahrung der Älteren geht allerdings nicht zwangsläufig mit Weisheit und Tugend einher. Oft haben jüngere Menschen unter den Alten zu leiden: Die Sklavin Hagar hat die Schikane der alten und vorerst kinderlosen Sara auszustehen (1. Mose 16,6). Jakob wird von Laban ausgenutzt und um sieben Jahre seines Lebensglücks geprellt (1. Mose 29).

Andersherum geht es aber auch, wie wir aus dem Aufstand von Absalom gegen seinen Vater David ersehen (2. Samuel 15–18).

Das Miteinander der Generationen im Gottesvolk ist somit keineswegs ein Stück heiler Welt. Sowohl Gottvertrauen als auch sündiges Verhalten sind eng miteinander verflochten.

... im Neuen Testament

Im *Neuen Testament* stoßen wir zunächst auf den alten Priester Zacharias und seine Frau Elisabeth, die unerwartet mit einem Kind beschenkt werden: Johannes dem Täufer, der zum Wegbereiter von Jesus wird (Lukas 1,13ff). Daneben werden uns mit Simeon und Hanna zwei hochbetagte Menschen gezeigt, die auch im Ruhestand erfüllt und zuversichtlich leben (Lukas 2,25ff). Sie sind selig, als sie im Tempel den neugeborenen Jesus erblicken und in den Armen halten.

Paulus bezeichnet sich in Philemon 9 als „alten Mann". Damit sieht er jedoch keineswegs seine Belastungs- und Zurechnungsfähigkeit gemindert. Eher geht es ihm darum, bei Philemon aufgrund seiner größeren Lebenserfahrung besseres Gehör zu finden.

Von den älteren Gemeindegliedern erwartet Paulus, dass sie sich so verhalten, wie es ihrem Alter und Glaubensstand entspricht (Titus 2,2f; 1. Timotheus 5,1ff). Ältere sollen den Jüngeren als Vorbilder dienen. Was ist damit gemeint?

Es gibt in der Bibel eine Art von stillschweigendem Generationenvertrag. Die wesentliche Aufgabe der älteren Generation besteht darin, den göttlichen Segen weiterzugeben, den sie selbst empfangen hat, und die Jüngeren mit dem Glaubensgut bekannt zu machen und in die Traditionen des Gottesvolks einzuweisen. In der Weitergabe der biblischen Botschaft und im vorbildlichen Lebenswandel (1. Petrus 5,3) liegt die primäre Aufgabe der Älteren in der Gemeinde. Ihr Lebenszeugnis soll die Jüngeren ermutigen, sich ebenfalls auf Gott einzulassen und auf seinen Wegen zu gehen (Psalm 71,14f).

Die einzelnen Generationen sind miteinander verzahnt, aufeinander angewiesen und – altersspezifisch nach den jeweiligen Möglichkeiten differenziert – füreinander verantwortlich. Eine abschätzige Haltung: „Was geht mich die andere Generation an?!", ist für die Bibel undenkbar. Wenn Paulus mahnt, dass „ein jeder" nicht nur „auf das Seine" sehen solle, „sondern auch auf das, was dem andern dient"

(Philipper 2,4), dann gilt das nicht nur individualethisch, sondern auch für das Miteinander der verschiedenen Altersgruppen.

Glaubende ältere Menschen sind Zeugen des lebendigen, wirksamen Gottes. Sie haben Aufgaben und stehen mitten in der Gemeinde. Es gibt deshalb im Reich Gottes kein „altes Eisen" und kein „fünftes Rad am Wagen", das nutzlos und deshalb entbehrlich wäre. Ältere gehören vollwertig dazu. „Älterwerden ist für den glaubenden Menschen auch verbunden mit der Erfahrung von ‚Jungsein', Blühen, Fruchtbringen, Neuwerden (Psalm 92)"[12] – eine wichtige Perspektive angesichts des vorgerückten Alters und der eigenen Endlichkeit.

In der Bibel sind die einzelnen Generationen gleichwertig miteinander verbunden. Alle sollen pfleglich, wertschätzend und auf Augenhöhe miteinander umgehen. Wenn Paulus die Gemeinde ermahnt: „Einer komme dem anderen in Ehrerbietung zuvor" (Römer 12,10), dann bezieht er das auch auf das Miteinander der Generationen. „Ermahnt einander in aller Weisheit" (Kolosser 3,16). Paulus geht es darum, dass Erfahrungen von gelungenem Leben an andere weitergegeben werden.

Die zahlreichen biblischen Verheißungen werden altersunabhängig zugesprochen. Auch die „Charismata", die Gnadengaben und die entsprechenden Vollmachten, sind nicht auf bestimmte Altersgruppen beschränkt. „Die Bibel heroisiert und glorifiziert weder die Alten noch die Jungen … Licht und Schatten sind über alle Lebensalter verteilt."[13]

Das „Altern entpflichtet nicht von den Lebens(haus)-aufgaben:
- Zeugnis ablegen, prophetischer Auftrag
  (Lukas 2,22-40);

- Hilfe geben, diakonischer Auftrag
 (1. Timotheus 5,3);
- Zukunft eröffnen, Auftrag der Fürbitte
 (5. Mose 32,49-52);
- glaubendes Loslassen vorleben, pädagogischer Auftrag (Lukas 2,29)"[14].

5. Das will gelernt sein: Loslassen und Ergreifen

Die Art, wie wir alt und älter werden, kann sehr unterschiedlich ausfallen. Hier spielen verschiedene Faktoren hinein. Aus der bloßen Altersangabe lassen sich heute kaum Schlüsse ziehen, was Fitness, Lebenskraft und Lebensfreude betrifft. Manche der über Sechzigjährigen wirken eher müde, ausgelaugt und erwartungslos, mit ihren Kräften scheinbar am Ende. Manche Senioren, die längst ihren neunzigsten Geburtstag gefeiert haben, sind wiederum erstaunlich fit: geistig, häufig aber auch körperlich. Einige sind sogar in der Lage, sich eigenständig zu versorgen.

Der Fernsehmoderator Joachim Fuchsberger schrieb einmal: „Wann fängt das Altern an? Es gibt junge Alte, alte Alte, manche scheinen bereits alt auf die Welt gekommen zu sein, und dann die, die bewusst vergessen, alt zu werden. Sie können oder wollen nicht alt werden, oder sind schlicht und einfach zu dumm, dem Unabänderlichen mit Anstand zu begegnen."[15]

Ein ganz neuer Abschnitt

Die Weichen für neue Lebensabschnitte legen wir in den vorangegangenen. Jean-Jacques Rousseau (1712–1778) hat das einprägsam formuliert: „Die Jugend ist die Zeit, Weisheit zu erlernen. Das Alter ist die Zeit, sie auszuüben."

Was wir morgen sein wollen, müssen wir demzufolge heute lernen. Deshalb ist es vonnöten, in Erziehung und Lebensvollzug bereits die nächste Phase anzudenken: Unsere Kinder und Enkel sollen es frühzeitig einüben zuzuhören, sich teamfähig und kooperativ zu verhalten, die eigene Zeit einzuteilen und den eigenen Tag zu organisieren. Das wirkt sich in späteren Lebensabschnitten positiv aus.

Wer den Ruhestand vor sich sieht, sollte rechtzeitig nachdenken: „Was werde ich nach der Pensionierung unternehmen?" Auch das Älterwerden muss lange vorher gelernt werden. Schon in früheren Jahren werden die Weichen für das Altern gestellt. Wir werden letztlich in dem Stil alt, in dem wir unsere Jahre vorher verbracht haben. Deshalb tun wir wohl daran, früh genug anzuvisieren und einzuüben, was uns auch im Ruhestand Freude machen und unseren Tag füllen soll. Keiner sollte in den Ruhestand einfach hineinstolpern.

Gerne erinnere ich mich an den Tag, an dem ich vom Präsesamt der Gemeinschaftsbewegung in Deutschland und Österreich in den Ruhestand verabschiedet wurde. Ich hatte dieses Amt mehr als 20 Jahre lang inne. In einem festlichen Gottesdienst in Kassel wurde ich von meinen bisherigen Aufgaben unter Gebet und Segenszuspruch entpflichtet. Zugleich wurde mein Nachfolger eingeführt.

Unmittelbar danach fuhr ich mit meiner Frau fröhlich nach Hause. Dass die Verantwortlichen der Gemeinschaftsbewegung gleich danach zu einer mehrtägigen Mitgliederversammlung zusammenkamen, musste mich nicht mehr berühren. Ich war von den leitenden Aufgaben entlastet.

Aber mir fehlte nichts. Ab jetzt musste ich nicht mehr Sitzungen leiten, Protokolle lesen, Kommentare abgeben, Veranstaltungen vorbereiten etc. Ich war zum Freigänger des Reiches Gottes geworden. Dabei war mein Terminkalender prall gefüllt mit Gottesdiensten, Vorträgen, Seminaren und einigem mehr. Auch weiterhin hatte ich viel zu tun und bin bis zum heutigen Tag – meist gemeinsam mit meiner Frau – reichlich unterwegs.

Anders erging es einem Landgerichtsdirektor in Süddeutschland. Auch er wurde pensioniert. Aber anders als in meinem Fall wurden seine (juristischen) Kenntnisse und Erfahrungen nicht mehr benötigt. Von einem Tag zum anderen, so klagte er mir, wurde er von hundert auf null zurückgestuft. Derart reduziert zu werden, empfand er als schmerzlich. Zum Glück war er als Christ in seiner Kirchengemeinde eingebunden und konnte sich dort einbringen. Aber sein berufliches Lebensgeschäft, die Juristerei, spielte für ihn keine Rolle mehr.

Wie sich auch immer der Eintritt ins Rentenalter vollzieht – er stellt eine bedeutende Zäsur dar, ähnlich dem ersten Schultag oder dem Start ins Berufsleben. Vor uns breitet sich eine neue Lebenslandschaft aus, die wir nicht überschauen. Das macht neugierig und sorgenvoll zugleich.

In einer bayerischen Kirchengemeinde hat man dieses Datum mit einem besonderen Gottesdienst verbunden.[16] Während Gottesdienste zur Einschulung unserer Kinder zum kirchlichen Alltag gehören, sind solche zum Eintritt in das Rentenalter noch etwas Seltenes, Besonderes. Die Kirchengemeinde hat dieses Angebot unterbreitet und sich über die unerwartet postitive Resonanz gefreut. Die Verkündigung war auf die Lebensübergänge bezogen, die verständlicherweise nicht nur mit Erwartungen, sondern auch mit Befürchtungen und Ängsten verbunden sind. Neuland macht unsicher. Die angehenden Ruheständler hatten die Möglichkeit, persönlich gesegnet zu werden. Das wurde dankbar in Anspruch genommen.

Gute Aussichten

Paul Tournier, der Arzt und Therapeut, bringt die anstehende Veränderung auf den Punkt: „In jedem Alter muss man lernen, älter zu werden! Denn das Leben ist nicht Stillstand, sondern fortwährende Bewegung, Veränderung, Entwicklung … Der Eintritt ins Alter ist eine Beförderung – ähnlich der des Kindes, wenn es das Erwachsenenalter erreicht. Dadurch bieten sich auch im Alter ganz neue Entfaltungsmöglichkeiten."[17] Was kommt jetzt auf uns zu?

Wo wir unser derzeitiges Alter positiv ergreifen, entdecken wir uns als reich beschenkt. Wir blicken auf eine ausgedehnte Lebenslandschaft zurück. Wir haben viel erlebt und erfahren. Wir waren nie so wissend wie jetzt. Schließlich haben wir Erfahrungen gesammelt ohne Ende. Zwar ist unser Lebensradius enger geworden, aber unser Horizont wurde immer weiter. Insofern ist das Alter der reichste Abschnitt des Lebens.

So hat es der schwedische Filmregisseur Ingmar Bergmann gemeint: „Mit dem Altwerden ist es wie mit auf einen Berg steigen. Je höher man kommt, desto mehr schwinden die Kräfte, aber umso weiter sieht man."

Auch die Bibel – ebenso die Antike – verknüpft häufig Alter und Weisheit. „Am Ende ist man immer klüger",– das trifft auch hier zu. Wir werden also im Alter nicht nur ärmer, sondern zugleich auch reicher: vielleicht an Kindern und Enkeln, vielleicht reicher im Glauben, an Erlebtem, an neuen Kontakten und Einsichten – einiges davon liegt an uns selbst, an unserer Haltung.

Von wegen „altes Eisen"

Mittlerweile hat auch die Industrie das Potenzial der Älteren erkannt. „Alt und fit und enorm produktiv", lautete die Schlagzeile in einer Tageszeitung.[18] Untersuchungen zeigen, dass es der Produktivität eines Unternehmens zugutekommt, wenn auch ältere Arbeitnehmer beschäftigt werden. „Die

Altersforschung hat dargelegt, dass die Leistungs- und Lernfähigkeit bei Älteren nicht signifikant absinkt."[19]
Dabei ist erstaunlich, wie fit manche der Älteren sind. Nichts mit „altem Eisen". Die Tugenden der Älteren sind für viele Betriebe unverzichtbar. Sie gleichen manche Defizite aus. Ein gesunder Mix steigert die Leistungsfähigkeit der Betriebe, denn die Berufserfahrung der „Silver Surfer" und „Best Ager" – so moderne Bezeichnungen für ältere Arbeitnehmer – trägt dazu bei, Fehler zu vermeiden. Dabei kommt es auf die Mischung der Generationen an:

- Jüngere Arbeitnehmer sind stärker in der sogenannten fluiden Intelligenz. Sie verarbeiten Informationen schnell, zeigen größere Flexibilität und Lernfähigkeit. Sie sind fit im Umgang mit neuesten Produkten moderner Technologie.
- Ältere dagegen punkten mit der sogenannten kristallinen Intelligenz: mehr Faktenwissen und Erfahrung. Viele sind sprachlich besser als ihre jüngeren Kollegen. Sie verhalten sich zuverlässig und diszipliniert. Diese Tugenden gleichen manche Defizite aus. Wie sagte einer? „Wir können sicherlich nicht mehr so schnell laufen, aber wir kennen die Abkürzung."[20]

„Betriebe, die dem ‚Jugendwahn' abgeschworen haben und auf eine altersmäßig ausgewogene Belegschaft achten, haben damit gute Erfahrungen gemacht", bestätigt ein Zeitungsartikel.[21] Andernorts wird der Wert der Erfahrung und des geschulten Einschätzungsvermögens erst zu spät erkannt: Scheiden Ältere aus, geht deren Fachwissen für die Firma verloren. Oft rücken nicht ausreichend viele entsprechend qualifizierte Jüngere nach.

Umso wichtiger scheint es, auf der politischen Ebene über eine flexible Ruhestandsgrenze nachzudenken, und zwar aus mehreren Gründen. So notiert die deutsche Bundesbank: „Durch die demografische Entwicklung gerät die umlagefinanzierte gesetzliche Rentenversicherung künftig unter erheblichen Druck, insbesondere ab Mitte der 2020er-Jahre. Ein wichtiger Ansatzpunkt für weitere Reformen ist das Rentenalter."[22] Eine Reform – abgestimmt auf das unterschiedliche Leistungsvermögen angehender Rentner – kommt nicht nur den Renten- und Pensionskassen zugute, sondern auch der Lebenszufriedenheit vieler älterer Menschen.

Loslassen und Ergreifen

In allem erweist sich der Zweitakt als unerlässlich: Loslassen und Ergreifen. Nur wer Altes hinter sich lässt, kann sich Neuem zuwenden. Das versteht sich jedoch nicht von selbst, denn Greifen und Festhalten können wir seit unserer Geburt – das Loslassen dagegen muss man bewusst üben.

Dieser Zweitakt „Loslassen und Ergreifen" hält uns lebenslang in Atem. Er lässt uns reifen. Alle Reifeschritte sind mit Abschied, Schmerzen und Ängsten verbunden. Man kann nicht reifen, ohne dass es wehtut.

Beruflich bedeutet *Loslassen*: Wir treten in den Ruhestand. In der Gemeinde geben wir ein Amt ab. Ab sofort haben wir weniger Verpflichtungen und tragen geringere Verantwortung. Das Loslassen ist dann besonders ausgeprägt und schmerzhaft, wenn es geschätzte Menschen betrifft und große Teile unserer Gesundheit.

Außerdem werden mit zunehmendem Alter manche Schatten länger. Die Schritte werden schwerer. Manches an Alterslast stellt sich ein: Gliederschmerzen, Schlaflosigkeit, Hörminderung und Sehschwierigkeiten. Das Gedächtnis erweist sich vor allem im Vergangenen als fit. Was früher flott von der Hand ging, bedarf heute eines größeren Zeitaufwandes. Loslassen – ein umfassendes Geschehen.

Andere bedauern ihr nachlassendes Reaktionsvermögen: „Sollte ich nicht besser meinen Führerschein abgeben?" Zwar hält Autofahren fit, weil es alle Sinne beansprucht. Wir sollten dabei aber nicht zu einer Gefahr für andere und für uns selbst werden. Manche erwägen, sich in späteren Jahren noch einmal von einem Fahrlehrer beraten zu lassen.

Einige alte Leute sitzen beieinander und klagen sich gegenseitig ihr Leid. Einer hat mehr Beschwerden als der andere. Seufzen ohne Ende.

„Ach, was bin ich schwach! Meine Beine wollen mich kaum noch tragen", seufzt eine Frau. „Früher war ich wie ein Wiesel unterwegs. Jetzt ist mein Laufen zum Hinken geworden."

„Aber ich erst", fügt der Mann neben ihr hinzu, „ich kann ja kaum noch richtig sehen. Meine Augen sind trübe geworden, fast blind."

„Und bei mir ist es das Hören", jammert ein anderer Mann. „Ich kriege wenig mit von dem, was andere reden. Nicht mal das Hörgerät kann mir helfen!"

„Was ihr nur habt", ruft eine Frau dazwischen. „Hört auf mit eurem Jammern! Es ist doch ein Glück, dass wir noch Auto fahren können."

Wie gut: Neben dem Loslassen steht das *Ergreifen*: Wir pflegen vermehrt eigene Mußestunden und Hobbys. Wir haben Zeit für bislang nicht Gepflegtes und erschließen uns neue Felder.

Leider blicken viele lediglich nostalgisch zurück. Am liebsten würden sie das Rad ihrer Lebenszeit zurückdrehen. Aber das bleibt vergebliche Liebesmüh.

Spätestens jetzt kommt es an den Tag, ob wir tatsächlich beides gelernt haben: *loslassen und ergreifen.* Beides vollzieht sich zwar lebenslang auf allen Altersstufen, aber jetzt trägt es sich besonders ausgeprägt zu: Wir lassen im zunehmenden Alter Menschen zurück, die uns bisher begleitet und geprägt haben. Wir lassen ein Stück Gesundheit und Spannkraft los, dazu die Verantwortung, die wir hatten, wenn wir Eltern sind.

Auf das Wie kommt es an!

Ich sehe zwei Möglichkeiten, mit dem Loslassen umzugehen. Möglichkeit 1: *Resignieren.*

Das Statussymbol des Berufs muss aufgegeben werden. Dort wird man nicht mehr gebraucht. In diesem Umfeld ist man nicht mehr wichtig. Da kann sich schnell das bittere Gefühl einschleichen: „Der Mohr hat seine Schuldigkeit getan, der Mohr kann gehen." Man fühlt sich vielleicht überflüssig wie das fünfte Rad am Wagen und zieht sich in die Isolation zurück. Neidisch blickt man zu den Jüngeren und ist zugleich im Stillen überzeugt: „Wo ich nicht mehr am Ruder bin, geht's unweigerlich bergab."

Warum diese Resignation? Man hat sich über den Beruf definiert. Er hat Identität und Würde gesichert. Die Bedeutung der eigenen Persönlichkeit hat am Amt gehangen. Wo man es aufgeben muss, stürzt man ins Leere.

Das hat einschneidende Folgen: Gaben und Einsichten liegen künftig brach. Wir ertrinken im Selbstmitleid. Manche werden darüber hart und verbissen, weil sie vermeintlich alles besser wissen und können. Doch auf diese Weise verhalten wir uns *passiv,* fühlen uns unausgefüllt und werden unzufrieden. Mürrisch und herb gehen wir mit anderen um, rechthaberisch obendrein.

Resignieren – davor bewahre uns Gott!
Dagegen steht Möglichkeit 2, das *Re-signieren.*
Wir geben, so der sprachliche Hintergrund, die „signa", die Zeichen der Würde, zurück. So wie ein König bei der Amtsübergabe an seinen Nachfolger: Zepter, Krone etc. Wir geben Positionen und Ämter auf, vielleicht unsicher, aber doch souverän – ohne gekränkt zu sein –, und halten nicht um jeden Preis daran fest. Wir geben sie weiter.

Wie gut! Das schafft uns Freiheit. Nach einem Arbeitsleben voller Stress und Pflichten genießen wir eine umfassende Freiheit und neue Flexibilität.

Wir freuen uns darüber, wenn Jüngeren etwas gelingt. Wir stehen selbstverständlich zur Verfügung, wenn wir mit unseren Erfahrungen gebraucht werden. Aber wir tragen nun weniger Verantwortung und führen nicht mehr das große Wort. Aus dieser Haltung erwächst eine gesunde Autorität.

Wir verhalten uns *aktiv*: Mitarbeiten ja, da sein, wenn wir gefragt und gebraucht werden. Das gilt für den Beruf genauso wie für die Gemeinde.

Das Ziel ist klar: ein geordneter Rückzug in Würde.

Gelingende Übergänge wollen bewusst vollzogen werden. So ist es nicht nur menschlich sinnvoll, sondern auch geistlich vorgegeben: Ich denke an Mose, der sein Amt als Führer des Volkes Israel an seinen Nachfolger Josua übergibt. Auch an den Propheten Elia, der sein Amt an Elisa überträgt. Oder an Johannes den Täufer, der, ohne gekränkt zu sein, auf Jesus verweist, dem er den Weg bahnen durfte.

Eine lebenslange Übung

Der Zweitakt von Loslassen und Ergreifen hört nie auf. Selbst wenn wir sehr alt und lebenssatt geworden sind und alles Irdische loslassen, blicken wir als Christen nach vorn:

Wir ergreifen Gottes Ewigkeit und sind gespannt, was uns da erwartet. Vor uns liegt immer Neuland. So meint es auch der Apostel Paulus: „Ich vergesse, was dahinten ist, und strecke mich aus nach dem, was da vorne ist" (Philipper 3,13).

Ich weiß nicht, ob uns das immer klar ist: Wer nicht rechtzeitig loslässt, kann nicht ergreifen. Der bleibt stehen und kämpft gegen Windmühlen. Er wird darüber griesgrämig. So kann es zu einer Lebenskrise kommen, aus der mancher nicht mehr herausfindet.

Ein gutes Ziel dagegen weitet uns den Blick. Es lautet: „Ich lebe gerne – und zwar heute." Ganz im Sinne von Paulus: „Von Gottes Gnade bin ich, was ich bin" – und das hier und jetzt (1. Korinther 15,10).

Das lebenslange Loslassen und Ergreifen hält uns geschmeidig und elastisch. Es bewahrt uns vor inneren Verkrustungen, die uns starr und geradezu leblos werden lassen. Der jüdische Religionsphilosoph Martin Buber (1878–1965) bezeugt aus eigenem Erleben: „Altsein ist ein herrlich Ding, wenn man nicht verlernt hat, was Anfangen heißt."[23]

Wie sich unser Altern rundum und stufenweise auswirkt, kann in der folgenden humorigen Episode nachvollzogen werden:

Eine Gruppe junger Leute überlegt, wo man gemeinsam den 30. Geburtstag feiern könnte, den man in diesem Jahr begeht. „Natürlich im ‚Goldenen Ochsen'", ist man sich einig. „Da läuft die fetzigste Musik."

Zehn Jahre später wieder dasselbe Spiel. Wo können wir am besten gemeinsam unseren 40. Geburtstag feiern? Natürlich wieder im ‚Goldenen Ochsen'. Dort gibt es die feschesten Kellnerinnen.

Wieder vergeht ein Jahrzehnt und man trifft sich, um den 50. Geburtstag zu feiern. Wo denn wohl? „Selbstver-

ständlich im ‚Goldenen Ochsen'. Dort gibt es die erlesenste Speisekarte."

Dann steht der 60. Geburtstag an. Und wieder stellt sich die Frage: Wo feiern wir? Alle sind sich einig: „Im ‚Goldenen Ochsen', da geht es so still und gemütlich zu. Da kann man sich in Ruhe unterhalten."

Nun soll der 70. Geburtstag gemeinsam gefeiert werden. „Am besten im ‚Goldenen Ochsen'", lautet die einhellige Meinung. „Da ist es ebenerdig und wir kommen mit unserem Rollator gut rein."

Endlich steht der 80. Geburtstag an. Auch hier freuen sich alle, gemeinsam zu feiern. Wo wird man sich treffen? Alle überlegen. Da meldet sich einer: „Im ‚Goldenen Ochsen', da waren wir noch nie."

6. Die kostbare Zeit genießen und nutzen

*Mein sind die Jahre nicht,
die mir die Zeit genommen;
mein sind die Jahre nicht,
die etwa möchten kommen;
der Augenblick ist mein,
und den nehm ich in acht,
so ist der mein,
der Jahr und Ewigkeit gemacht.*

Andreas Gryphius

Es ist ein Zeichen von Reife, wenn uns aufgeht: Zeit ist eine Gabe, die Gott mir anvertraut. „Meine Zeit steht in deinen Händen" (Psalm 31,16).

Zeit ist Leihgut, das ich eines Tages dem Geber zurückgeben muss. Jesus spricht von der „Lebensspanne", die Gott mir zugemessen hat (Matthäus 6,27). Zeit steht mir nicht endlos zur Verfügung. Ich will sie nicht verplempern und vergeuden, sondern fragen: Was hat Gott mit mir in der jetzigen Zeitspanne vor? Was will ich mit meinem Leben erreichen?

Dabei hilft es, die beiden Begriffe zu bedenken, die im Griechischen für „Zeit" verwendet werden:

- „chronos": die fließende, ablaufende Zeit. Sie wird verkörpert durch die tickende Uhr und den Kalender. Zeit verrinnt. Stunden, Tage und Jahre gehen dahin. Diese Zeit ist messbar, die Uhr – das „Chrono"meter.
- Daneben steht „kairos"[24]: ein punktueller Moment, der

günstige Augenblick, der Zeit(punkt), den ich nicht verschlafen will, auf den es ankommt, die rechte Gelegenheit, die so nicht wiederkommt. In der griechischen Mythologie wird *kairos* als ein kleines nacktes Männchen dargestellt. Es hat eine Glatze, bis auf einen kleinen Rest Haarbüschel auf dem Hinterkopf. Daran kann man es festhalten. So ist unser Ausdruck entstanden: „die Gelegenheit beim Schopf packen".

Carpe diem

Die Zeit zu nutzen bedeutet praktisch: Ich will (im Sinne von „chronos") sorgsam und bedacht mit der Zeit umgehen, die mir zur Verfügung steht. Jeder Tag will geplant und geordnet sein, so gut das möglich ist. Was ist heute wichtig? Was steht in der zweiten Reihe? Was muss heute erledigt werden? Was kann dagegen warten?

Gut, wenn wir möglichst früh im Leben lernen, unsere Zeit einzuteilen, den Tag zu planen (womöglich auch schriftlich) und Prioritäten zu setzen: Wem will ich heute schreiben? Wen muss ich anrufen? Was ist einzukaufen? Was ist dabei vordringlich? Was lässt sich aufschieben?

Dabei lassen sich die Hilfen nutzen, die uns dafür zur Verfügung stehen: ein präziser Kalender, ein Terminplaner. Ich habe vor Jahren ein Zeitsparseminar besucht, das mir seitdem hilft, meine Zeit effektiver zu nutzen.

In allem wollen wir etwas schaffen, das Gott ehrt und den Menschen neben uns zugutekommt. Deshalb ist nicht unbedingt dasjenige Leben erfüllt, das viele Jahresringe angesetzt hat, sondern das Leben, das Gottes Segen aufnimmt und weitergibt, ganz gleich wie lange die Lebenszeit andauert. Auch ein für unser Empfinden zu früh beendetes Leben kann ein erfülltes Leben sein.

Neben „chronos" steht „kairos". Ich versuche, die Gelegenheiten nicht zu verpassen, die Gott mir unvermutet eröffnet oder auch zumutet. Ich will spontan zupacken, wo Gott mich herausfordert.

Ein Beispiel dafür ist der „Barmherzige Samariter", von dem Jesus erzählt (Lukas 10,25-37). In einer prekären Situation wirft er seine Vorhaben über den Haufen und hilft spontan einem Verletzten, den er am Wegesrand sieht. Seine Hilfe kostet ihn Zeit und am Ende auch Geld. Aber wie wertvoll ist beides investiert – es verändert Leben!

So kann es gehen: Unvermutet werden unsere Planungen durchkreuzt. Das würfelt manchmal unsere säuberlichen Planungen mächtig durcheinander. Ich will das als Herausforderung verstehen, die Gott mir zumutet.

Weil ich mich nicht gerne in meinem vorbereiteten Tagesablauf stören lasse, kann ich nur bitten: „Herr, mach mir die Augen auf für das, was jetzt dran ist und was du aktuell von mir erwartest. Gib mir das Gespür für die jeweilige Situation und für die Menschen, die mich jetzt brauchen. Hilf mir, sensibel zu werden, damit ich solche Zeitpunkte nicht verpasse, sondern nutze – anderen zum Segen."

Beide Sichtweisen wollen uns helfen, mit der Zeit umzugehen: Wir sehen und nutzen das Stetige, das Fließende und Berechenbare: Stunden, Tage, Jahre. Und dabei will ich offen sein für Ungewohntes, das meinen Weg kreuzt und das mich herausfordert.

Die Uhr

Ich trage, wo ich gehe, stets eine Uhr bei mir;
wieviel es geschlagen habe, genau seh ich an ihr.
Es ist ein großer Meister,
der künstlich ihr Werk gefügt,
wenngleich ihr Gang nicht immer
dem törichten Wunsche genügt.

Ich wollte, sie wäre rascher gegangen
an manchem Tag;
ich wollte, sie hätte manchmal verzögert
den raschen Schlag.
In meinen Leiden und Freuden,
in Sturm und in der Ruh,
was immer geschah im Leben,
sie pochte den Takt dazu.

Sie schlug am Sarge des Vaters,
sie schlug an des Freundes Bahr,
sie schlug am Morgen der Liebe,
sie schlug am Traualtar.
Sie schlug an der Wiege des Kindes,
sie schlägt, will's Gott, noch oft,
wenn bessere Tage kommen, wie meine Seele es hofft.

Und ward sie auch einmal träger,
und drohte zu stocken ihr Lauf,
so zog der Meister immer großmütig sie wieder auf.
Doch stände sie einmal stille,
dann wär's um sie geschehn,
kein andrer, als der sie fügte,
bringt die Zerstörte zum Gehn.

Dann müßt ich zum Meister wandern,
der wohnt am Ende wohl weit,
wohl draußen, jenseits der Erde,
wohl dort in der Ewigkeit!
Dann gäb ich sie ihm zurücke
mit dankbar kindlichem Flehn:
Sieh, Herr, ich hab nichts verdorben,
sie blieb von selber stehn.

Johann Gabriel Seidl

„Die Uhr" wurde von Johann Gabriel Seidl, einem österreichischen Schriftsteller (1804–1875), verfasst und meisterhaft von Johann Karl Gottfried Löwe (1796–1869) vertont. Seither ist das Stück in vielen Konzertsälen zu Hause.

7. Arbeiten hält uns munter

Nikolaus Graf von Zinzendorf (1700–1760), der Gründer der Herrnhuter Brüdergemeine, urteilte: „Die Arbeit ist selig und nötig … Man arbeitet nicht allein, daß man lebt, sondern man lebt um der Arbeit willen, und wenn man nichts mehr zu arbeiten hat, so leidet man oder entschläft." Zinzendorf betrachtete Arbeit also nicht als Notbehelf – „von irgendetwas muss man ja leben" –, sondern als Lebensaufgabe.

Das weiß auch der Reformator Martin Luther (1483–1546): „Zum Menschen gehört die Arbeit wie zum Vogel das Fliegen." Aber sowohl Zinzendorf als auch Luther verstehen Arbeiten keineswegs so, wie es in mancher Todesanzeige anklingt: „Müh und Arbeit war sein Leben." Auch das Feiern, Genießen und Pausemachen gehören zum Leben dazu.

Und: Was ist mit „Arbeit" gemeint? Arbeit im Sinne von Zinzendorf und Luther vollzieht sich nicht nur als Erwerbsarbeit, sondern auch als Handeln, Gestalten, Tun im häuslichen Sektor, in der Gemeinde, im Engagement für andere Menschen, in einem Verein etc. Vom Segen solcher Aufgaben weiß auch die Bibel: „Es gibt nichts Besseres, als dass der Mensch sich freut bei seinem Tun, denn das ist sein Teil" (Prediger 3,22).

Positive Effekte

Indem wir arbeiten, planen wir, organisieren wir und bringen uns nach dem Maß unserer Gaben ein. In den Auf-Gaben werden unsere Gaben und Talente abgerufen. Wir schaffen etwas Gutes. So entsprechen wir dem Entwurf, den Gott für unser Leben hat. Wir „holen aus uns heraus", was Gott in uns hineingelegt hat. Indem wir arbeiten – als Ruheständler nun nicht mehr unbedingt, um damit den Lebensunterhalt zu verdienen –, finden wir zu uns selbst. Wir entfalten uns. „Gläubige gehen nicht in Rente", lautet das entsprechende Fazit einer Pfarrerin, die so ihren Artikel im Deutschen Pfarrerblatt betitelte[25].

Uns auch im Alter zu engagieren, baut uns auf und stärkt unser Selbstwertgefühl. Es hält uns wach und fit. Arbeit, vor allem dann, wenn wir sie freiwillig übernommen haben und gerne tun, erweist sich als ein Garant für Zufriedenheit. Darüber hinaus bindet uns Arbeit mit anderen Menschen zusammen. Sie sorgt für soziale Kontakte. Das Miteinander trägt und birgt uns. Wir sind gut aufgehoben.

Arbeit bewahrt uns davor, einzurosten und uns lediglich um die eigene Achse zu drehen. Sonst würden wir langsam versauern und verarmen. Arbeit dagegen fordert uns heraus. Sie ruft unsere Fähigkeiten ab und mutet uns auch gelegentlich Neuland zu. Sie schafft Aha-Erlebnisse. Sie hält uns rundum munter. „Die Arbeit ist kein Fluch, sie stellt einen Wert dar. Das Lotto hat für seine Sofortrente einmal damit geworben, dass diese es schon Zwanzigjährigen erlaube, in den Ruhestand zu gehen – welch schrecklicher Ratschlag zur Selbstdeformierung!"[26] – wenn damit ein Leben ohne Aufgaben gemeint ist.

Eine Selbstdeformierung eigener Art vollziehen diejenigen, deren Rentnerleben sich auf „das kleine Lebensviereck aus Haus, Garten, Fernsehen und Fernreisen" beschränkt. „All das sind Wegbereiter von Hirnabbau und zukünftiger Hilflosigkeit und führen in die Rentenfalle der Passivität."[27]

Eine neue Qualität

Welche Freude eine Aufgabe im Ruhestand bringen kann, habe ich bei einem Freund erlebt. Er war Angestellter in einem großen Autohaus gewesen. Wenn ich ein neues Dienstfahrzeug benötigte, war ich bei ihm an der richtigen Adresse. Sein kundiger Rat hat mir sehr geholfen. Eines Tages trat er in den Ruhestand, und wir verloren uns aus den Augen. Bis ich ihn kürzlich wiedertraf.

„Was machst du denn jetzt?", fragte ich ihn. „Ich fahre mit einem Kastenwagen auf die Dörfer und verkaufe Brot und Brötchen. Die Leute freuen sich, wenn ich komme."

„Na ja", wandte ich skeptisch ein, „macht dir das wirklich Spaß?!"

„O ja", gab er zurück, „ich verkaufe ja so gern!" Seine Augen leuchteten. Das hat mich sehr beeindruckt. Des Geldes wegen hatte er das nicht nötig. Aber da war seine Freude am Arbeiten …

Auch ich selbst genieße das, was man gemeinhin Ruhestand nennt. Aber es ist bislang – nach zehn Jahren – weder „Ruhe" noch „Stand", denn ich bin nach wie vor quer durchs Land unterwegs zu Seminaren, Gottesdiensten und Vorträgen. Hier hat sich im Vergleich zum Arbeitsleben wenig geändert.

Doch mein Tun hat eine neue Ebene betreten und für mich eine andere Qualität gewonnen. Ich arbeite gern. Beim Arbeiten im Ruhestand geht es weniger um „die Art der Aktivität als ums Mitmachen, Dabeisein, Sich-Einmischen"[28]. Auch öffentliches Engagement in Parteien, Bürgerinitiativen und Vereinen wirkt sich positiv aus – auf uns selbst und auf „das große Mosaik", zu dem wir etwas beitragen.

Und wenn wir das nicht tun, einfach „nichts mehr tun"? Das Evangelische Seniorenwerk spricht von der Gefahr, die sich bei „einem scheinbar öde gewordenen Leben ohne Abwechslungen (einstellt): Es geschieht nichts mehr, das einen begeistern oder aufregen könnte. Viele Alte scheuen sich sogar vor äußeren Änderungen und Abwechslungen in ihrem täglichen Geschehen."

Die Schriftstellerin Pearl S. Buck (1892–1973) stellte fest: „Freude an der Arbeit finden ist die Entdeckung des Jungbrunnens." In der Tat: Nichts erfüllt und beglückt einen Menschen mehr, als dass er gebraucht wird und für andere wichtig ist. Das tut rundum gut. Nicht umsonst spricht der 90. Psalm vom „Blühen, fruchtbar und frisch sein" – auch im vorgerückten Alter.

Dienst mit Würde

Und wenn unsere Kräfte sehr nachlassen und es uns kaum noch möglich ist, operativ mitzumischen? Dann bleibt uns als Christen immer noch die wertvolle Aufgabe, für andere Menschen zu beten. Selbst Ältere, die gebrechlich geworden und womöglich an ihr Bett gefesselt sind, können diesen wichtigen Dienst wahrnehmen. Die Aufgabe des Betens kann uns niemand nehmen oder gar verbieten.

Das wird übrigens immer wieder deutlich: Wo wir uns im Dienst für Gott und seine Menschen verstehen, tun wir uns zugleich selbst den besten Dienst. Es bekommt uns gut, hält uns wach und erfrischt unsere Lebenslust.

Der Tätigkeit der Älteren kommt oft eine besondere Würde zu. Denn hier wirkt jemand, der nichts mehr auf der Erfolgsleiter erreichen muss. Mit reifen Älteren kommen keine „Besser-Wissis", die klug daherreden und überall ihre Finger drin haben müssen. Sie müssen sich auch nicht mehr an irgendwelchen Fronten verkämpfen. Sie wollen nichts mehr „werden". Zugleich schöpfen sie aus einer Weisheit, die ihnen in einem langen Leben zugewachsen ist.

Diese Erfahrungen bilden einen riesigen Schatz. Ich denke an den politischen Bereich und an Personen wie Helmut Schmidt (1918–2015) oder Hans-Jochen Vogel (geb. 1926) oder auch an Personen im christlichen Raum: Wo sich

Altgewordene – selbst hörbereit – unaufdringlich einbringen, sichert ihnen das Einfluss ohnegleichen. Hier spüren die Jüngeren eine gesunde Autorität, auf die sich zu hören lohnt.

Weise Zurückhaltung

Apropos unaufdringlich oder aufdringlich – hier lauert eine Gefahr: Weil wir Älteren im Laufe unseres Lebens viel Erfahrung gewonnen haben, sind wir geneigt, uns gern zu Wort zu melden, vor allem in Gemeinde und Familie. Wir wissen vieles besser – meinen wir. Aber das Alter hat in unserer Gesellschaft nicht zuerst die Aufgabe, andere zu erziehen, sondern sie anzuerkennen und zu lieben.

Erziehung ist Sache der Elterngeneration bzw. derer, die aktuell ein Amt wahrnehmen. Viele Großeltern gefährden ihre Beziehung zu Kindern und Enkeln, weil sie sich gerne in die Erziehung einmischen und meinen, vieles, wenn nicht alles, besser zu wissen. Doch Jüngere machen um Ältere, die gerne Ratschläge erteilen, gewöhnlich einen großen Bogen. Die Älteren beklagen dann den mangelnden Respekt, den man ihnen erweist. Schnell sind Mauern zwischen den Generationen aufgerichtet. Man reibt sich aneinander auf. Völlig überflüssig, wie ich finde.

Dagegen gilt: Jene Alten, die darauf keinen Wert legen, umgibt man mit Ehrerbietung. Man bittet jene um Rat, die ihre Ratschläge nicht besserwisserisch aufzudrängen versuchen. Weniger ist also mehr. Das bedeutet praktisch: Da sein, wenn wir gebeten werden, reden, wenn wir gefragt werden, aber nicht das große Wort führen. Vor allem aber: treu für die Menschen beten, gerade für solche, die sich nach unserer Ansicht quer verhalten.

Die Mystikerin Teresa von Ávila (1515–1582) hat in einem „Gebet des älter werdenden Menschen" ausgedrückt, was sie im vorgerückten Alter empfindet:

Oh Herr, Du weißt besser als ich,
dass ich von Tag zu Tag älter
und eines Tages alt sein werde.

Bewahre mich vor der Einbildung,
bei jeder Gelegenheit und zu jedem Thema
etwas sagen zu müssen.

Erlöse mich von der großen Leidenschaft,
die Angelegenheiten anderer ordnen zu wollen.

Lehre mich, nachdenklich (aber nicht grüblerisch),
hilfreich (aber nicht diktatorisch) zu sein.

Bei meiner ungeheuren Ansammlung von Weisheit
erscheint es mir ja schade, sie nicht weiterzugeben.
Aber Du verstehst – oh Herr –,
dass ich mir ein paar Freunde erhalten möchte.

Bewahre mich vor der Aufzählung endloser Einzelheiten
und verleihe mir Schwingen, zum Wesentlichen zu gelangen.

Lehre mich schweigen
über meine Krankheiten und Beschwerden.
Sie nehmen zu – und die Lust, sie zu beschreiben,
wächst von Jahr zu Jahr.

Ich wage nicht, die Gabe zu erflehen,
mir Krankheitsschilderungen anderer mit Freude anzuhören,
aber lehre mich, sie geduldig zu ertragen.

*Lehre mich die wunderbare Weisheit,
dass ich mich irren kann.*

*Erhalte mich so liebenswert wie möglich.
Ich möchte kein Heiliger sein,
mit ihnen lebt es sich so schwer,
aber ein alter Griesgram ist das Krönungswerk des Teufels.*

*Lehre mich,
an anderen Menschen unerwartete Talente
zu entdecken,
und verleihe mir, oh Herr,
die schöne Gabe, sie auch zu erwähnen.*[29]

Der Theologe Karl Barth (1886–1968) hat für den Schriftsteller Carl Zuckmayer (1896–1977) sieben „Lebensregeln für ältere Menschen im Verhältnis zu jüngeren" aufgestellt:

1. Du sollst dir klarmachen, dass die jüngeren, die verwandten oder sonst lieben Menschen beiderlei Geschlechts ihre Wege nach ihren eigenen (nicht deinen) Grundsätzen, Ideen und Gelüsten gehen, ihre eigenen Erfahrungen machen und nach ihrer eigenen (nicht deiner) Fasson selig zu sein und zu werden das Recht haben.
2. Du sollst ihnen also weder mit deinem Vorbild noch mit deiner Altersweisheit noch mit deiner Zuneigung noch mit Wohltaten nach deinem Geschmack zu nahe treten.
3. Du sollst sie in keiner Weise an deine Person binden und dir verpflichten wollen.
4. Du sollst dich weder wundern noch gar ärgern und betrüben, wenn du merken musst, dass sie öfters keine oder nur wenig Zeit für dich haben, dass du sie, so gut du es mit ihnen meinen magst und so sicher du deiner Sache ihnen gegenüber zu sein denkst, gelegentlich störst und

langweilst, und dass sie dann unbekümmert an dir und deinen Ratschlägen vorbeibrausen.
5. Du sollst bei diesem ihrem Tun reumütig denken, dass du es in deinen jüngeren Jahren den damals älteren Herrschaften gegenüber vielleicht (wahrscheinlich) ähnlich gehalten hast.
6. Du sollst also für jeden Beweis von echter Aufmerksamkeit und ernstlichem Vertrauen, der dir von ihrer Seite widerfahren mag, dankbar sein; du sollst aber solche Beweise von ihnen unter keinen Umständen erwarten oder gar verlangen.
7. Du sollst sie unter keinen Umständen fallen lassen. Sollst sie vielmehr, indem du sie freigibst, in heiterer Gelassenheit begleiten, im Vertrauen auf Gott auch ihnen das Beste zutrauen, sie unter allen Umständen lieb behalten und für sie beten.[30]

8. Wir pflegen die vier großen L

Von den vier großen L – Lernen, Laufen, Lieben und Lachen – habe ich kürzlich gehört. Ich finde sie sehr passend:

Lernen – gerne und zielstrebig

In jedem Alter ist es möglich, dazuzulernen und an Wissen und Erfahrungen zuzulegen. Die Hirnforscher sind sich einig: Wenn man sich mit Lust und Liebe engagiert, lernt man am besten. Da spielt das Alter kaum eine Rolle. Prof. Gerald Hüther stellt fest: „In allem, was wir mit Begeisterung tun, werden wir schnell immer besser … Begeisterung ist Doping für Geist und Hirn." Indem wir uns neue Felder erschließen, wirken wir dem geistigen Abbau entgegen. Auch im Neuen Testament werden wir zum „Wachsen" aufgefordert: wachsen im Glauben und „in der Erkenntnis Gottes" (u. a. Kolosser 1,10). Zulegen ist angesagt – und das auf allen Feldern unserer Persönlichkeit.

Insofern ist Altern kein Abrissunternehmen, sondern eine Lebensphase mit neuen Lernmöglichkeiten. Sie eröffnet beste Chancen, Neues auszuprobieren. Wenn nicht jetzt, wann dann?!

Nutzen wir unser Gehirn vielseitig und intensiv, bleibt es länger leistungsfähig. Im Gegensatz zu unseren Knochen und Gelenken nutzt sich das Gehirn nicht ab. Im Gegenteil: Je aktiver unsere Nervenzellen sind, desto besser. So bleiben sie länger leistungsfähig, weil immer neue Kontaktstellen zu anderen Nervenzellen aufgebaut werden. Das funktioniert bis ins hohe Alter.

Ben Godde, Professor für Neurowissenschaften in Bremen: „Das Gehirn ist plastisch, also durch Lernen veränderbar. Es ist auf lebenslanges Lernen angelegt. Diese Fähigkeit bleibt über die gesamte Lebensspanne erhalten" (ausgenommen: Demenz und andere Krankheiten). Es tut unseren grauen Zellen gut, wenn sie ständig mit Neuem gefüttert werden: „Denn das Gehirn ist faul. Es macht nur so viel, wie es muss. Wenn man es wieder fordert, passt es seine Ressourcen an und steigert seine Leistungsfähigkeit."[31] Andersherum: Gaben und Fähigkeiten, die wir nicht mehr einsetzen, verkümmern automatisch. Sie werden vom Körper und Geist nach und nach abgebaut.

Die schöpferischen Impulse in jedem Menschen sind nicht an die Lebensjahre gebunden. Es gilt also auch jenseits des Ruhestandes, gezielt dazuzulernen. So wie jene 88-jährige Frau, die ich besucht habe: Sie hat erste Gehversuche am Computer absolviert. Sie arbeitet mit ihm und er mit ihr. Das Vertrautwerden braucht seine Zeit, aber sie freut sich über alle Fortschritte. Nun hat sie vor, sich auch noch das Internet zu erschließen.

Meine Frau hat sich von unseren Kindern überreden lassen, anstelle des Handys ein Smartphone zu benutzen. Erst war sie skeptisch, aber sie hat sich dann doch überzeugen lassen. Es klappt nicht alles reibungslos, aber das Stolpern wird von Tag zu Tag weniger. Mittlerweile kann sie damit sogar fotografieren und mit den Bildern unsere Kinder informieren und erfreuen.

Ich denke auch an jenen Mann, der mir von seinem Seniorenstudium berichtet hat, das ihm große Freude bereitet. Abgesehen von den erworbenen fachlichen Inhalten: Das Studium bringt ihn auch mit jungen Mitstudierenden in Kontakt. Eine Bereicherung für beide Seiten!

Eine Frau jenseits der siebzig hat in der Volkshochschule einige Kurse in Kalligrafie absolviert. Stolz hat sie mir präsentiert, was sie bereits an Kunstdrucken gefertigt hat.

Damit macht sie vielen Freunden und Bekannten eine Freude. Der nächste Kurs ist bereits gebucht.

Ein Posaunenbläser, Mitte siebzig, hat mir berichtet: Er war vom Konzert eines Trompetenvirtuosen so beeindruckt, dass er sich ein Herz fasste und ihn bat, ihm doch einmal pro Monat Unterricht in konzertantem Trompetenspiel zu geben. Der Profiposaunist ging darauf ein. Nun bekommt unser Mann regelmäßig Unterricht.

Andere frischen im Ruhestand ihre Fremdsprachenkenntnisse auf und nutzen die vielfältigen Angebote der Volkshochschulen. Wieder andere verfassen im Alter ihre Biografie. Sie halten schriftlich fest, was sie im Laufe ihres Lebens erfahren haben. Die Kinder und Enkel, dazu alle Interessierten haben davon den Segen. Und nicht zuletzt der Verfasser selbst, der sich beim Nachdenken und Aufschreiben klarmacht, welche Lebensstationen er angelaufen hat und was er dabei Gott verdankt, aber auch den Menschen, die mit ihm unterwegs gewesen sind.

Der berühmte spanische Violoncellist, Komponist und Dirigent Pablo Casals (1876–1973) bekannte einst: „Ich bin jetzt über 93 Jahre alt, jedenfalls nicht mehr so jung, wie ich mit neunzig war. Aber Alter ist überhaupt etwas Relatives. Wenn man weiter arbeitet und empfänglich bleibt für die Schönheit der Welt, die uns umgibt, dann entdeckt man, dass Alter nicht notwendigerweise Altern bedeutet, wenigstens nicht im landläufigen Sinne. Ich empfinde heute viele Dinge intensiver als je zuvor, und das Leben fasziniert mich immer mehr."[32]

Im Prozess des Älterwerdens erweist sich kaum etwas als so abträglich wie die Haltung, in der man alles, was neu auf einen zukommt, von vornherein abblockt. Wer rastet, der rostet, weiß der Volksmund. Vielleicht fühlt man sich neuen Herausforderungen nicht gewachsen. Vielleicht hält man alles Neue (moderne Lieder, Technik, innere Einstellungen etc.) grundsätzlich für nicht wert genug, sich damit zu beschäftigen. Viele Ältere lassen sich einfach „gehen" und welken vor sich hin. Am Ende hat man nur noch sich selbst, jammert und klagt andere an, die jünger sind und – so die Überzeugung – es wesentlich besser haben.

Häufig verbindet sich damit das peinliche Altersgefasel, demzufolge früher das Leben und das Glauben insgesamt besser gewesen seien. Man träumt von der „guten alten Zeit", übersieht jedoch, wie mühselig und beschwerlich damals vieles gewesen ist, weit entfernt von Komfort und Lebensweise der Gegenwart; man denke nur an einen Besuch beim Zahnarzt – damals und heute.

Folge dieser nostalgischen Verklärung: Man begegnet dem Heute mit Geringschätzung. Alles erscheint grau in grau. Diese Perspektive lähmt uns, den heutigen Herausforderungen mit ihren neuen Möglichkeiten aufgeschlossen zu begegnen. Wir veröden innerlich, werden kontaktarm und unfähig zum Gespräch.

Doch auch die heutige Zeit ist Zeit der Gnade. „Kauft die Zeit aus", nutzt die Chancen, die sich euch heute bieten, ermuntert der Apostel Paulus (Epheser 6,15). Gott will, dass wir zu unserem Heute ein bewusstes Ja finden. Altersnörgelei schiebt uns ins Abseits. Obendrein machen wir uns mit Unzufriedenheit und der oft damit einhergehenden Besserwisserei unbeliebt.

Zum Lernen gehört auch das Auswendiglernen, früher selbstverständlicher Bestandteil in Schule und Konfirmandenunterricht. Heute führt es leider ein Schattendasein. Doch Lieder und Bibelworte erweisen sich gerade in Krisenzeiten als „eiserne Ration". Indem wir viele davon auswendig lernen, legen wir uns Schätze des Glaubens an.

Neben allen geistlichen Argumenten lasst uns bedenken:

Das hält unseren Geist geschmeidig. Wir reichern unser Inneres an, und dieses Repertoire erweist sich als ein Segen in schlaflosen Nächten, auf dem Krankenlager und in schwierigen Zeiten.

Stolz bin ich darauf, vor einiger Zeit alle 10 Strophen des Paul-Gerhardt-Liedes „Lobe den Herren, alle, die ihn ehren" auswendig gelernt zu haben. Nun bin ich dabei, mir „Die güldne Sonne" einzuverleiben. Das wird dauern, denn das Lied hat 15 Strophen. Aber es wird sich lohnen!

Allerdings darf dergleichen, auch das sogenannte Gehirnjogging, nicht überschätzt werden, ebenso nicht das Lösen von Kreuzworträtseln. Es gibt keinen überzeugenden wissenschaftlichen Beleg dafür, dass es vor Krankheiten wie Demenz schützen könnte.

Kürzlich vermeldete Japan einen Altersrekord. Bezogen auf die Gesamtbevölkerung leben dort die meisten Hochbetagten der Welt, vor allem in der Inselregion Okinawa. Ihr Anteil ist fünfmal so hoch wie in Deutschland. Studien zeigen: An den Genen liegt es lediglich zu 25 %. „Den Löwenanteil machen äußere Umstände und der Lebensstil aus."[33] Für das lange Leben sind zwei Schlüssel verantwortlich: viel Bewegung („Ja kein Stillstand!") und besondere Ernährung: wenig Fleisch und Fett, stattdessen vor allem Fisch, Gemüse und Hülsenfrüchte wie Soja. Dazu kommt der traditionelle gesellschaftliche Zusammenhalt, der in der japanischen Gesellschaft sehr ausgeprägt ist. Gemeinschaft und Fürsorge tun rundum gut.

In Deutschland hat man in Untersuchungen unter Hundertjährigen Ähnliches festgestellt: „Die Teilnehmer zeichneten sich durch einen hohen Optimismus aus. 80 % gaben an, mit ihrem Leben zufrieden zu sein. Viele sagten, sie seien leicht zum Lachen zu bringen. Und: Fast alle hatten noch Ziele!"[34]

Eine 100-jährige Italienerin stößt ins selbe Horn und unterstreicht dabei die Bedeutung des Glaubens: „Wenn ich ganz und gar die Wahrheit sagen soll, dann ist dies hier das wahre Geheimnis: Wenn ihr hundert werden wollt, dann glaubt an Gott. Geht jeden Sonntag in die Kirche!"[35]

Heinrich Kemner (1903–1993), der nach seinem Eintritt in den Ruhestand das Geistliche Rüstzentrum in Krelingen gründete, schrieb: „Entweder wird man im Alter reifer für den Himmel durch die Strahlung, die nur der Glaube schenkt, oder man wird mürrisch und einsam und belastet die anderen mit der nicht überwundenen Eigenwilligkeit."[36]

Laufen – *Wir halten uns körperlich fit*

Der Dichter und Nobelpreisträger Hermann Hesse (1877–1962) hat mit seinem eigenen Altwerden folgende Erfahrungen gemacht: „Auf eine menschenwürdige Art alt zu werden und jeweils die unserem Alter zukommende Haltung oder Weisheit zu haben, ist eine schwere Kunst. Meistens sind wir mit der Seele dem Körper voraus oder zurück, und zu den Korrekturen dieser Differenzen gehören jene Erschütterungen des inneren Lebensgefühls, jenes Zittern und Bangen an den Wurzeln, die uns je und je bei Lebenseinschnitten und Krankheiten befallen. Es scheint, man darf ihnen gegenüber wohl klein sein und sich klein fühlen, wie Kinder durch Weinen und Schwäche hindurch am besten das Gleichgewicht einer Störung des Lebens wiederfinden."[37]

Hermann Hesse beschreibt hier auf kompakte Weise, wie sich die körperlichen und seelisch-geistigen Aspekte des Älterwerdens zueinander verhalten können. Beide sollten im Einklang miteinander stehen. Das wäre optimal, wird aber nur selten der Fall sein. Manche Menschen sind im vorgerückten Alter körperlich noch durchaus leistungsfähig.

Doch ihre geistigen Kräfte lassen nach. Die Vergesslichkeit nimmt zu. Manches Neue wird nicht mehr recht aufgenommen. Bei anderen verhält es sich umgekehrt: Während die körperlichen Fähigkeiten spürbar reduziert sind, bleibt der Geist hellwach. Aufmerksam verfolgen sie das Zeitgeschehen und bringen sich ein.

Was möglichst im Einklang zueinander stehen sollte, kann im Laufe der Jahre zu Diskrepanzen führen, die von den Betroffenen als schmerzliche Einbuße an Lebensqualität erfahren werden. Deshalb ist es ratsam, längst vor dem Eintritt in den Ruhestand alles Menschenmögliche dafür zu tun, sich geistig und körperlich fit zu halten. Was wir früh einüben, kommt uns später zugute. Natürlich haben wir viele Bereiche unserer gesundheitlichen Verfassung nicht in der Hand. Infektionen greifen nach uns, Krebszellen wuchern im Verborgenen, Unfälle lassen sich nicht immer vermeiden. Und auch gegen schleichende Alzheimerdemenz sind – zumindest bis jetzt – die passenden Medikamente noch nicht entwickelt worden.

Es lohnt sich auf jeden Fall, unseren Körper fit zu halten. Der Mensch ist auf Bewegung gepolt. Er braucht regelmäßige Aktivität, um gesund leben zu können. Meine Frau und ich sind bestrebt, jeden Tag etwa für eine Stunde körperlich in Bewegung zu sein. Meine Frau geht mittags etwa eine Stunde lang stramm mit Stöcken spazieren. Oder sie nimmt das Fahrrad. Ich selbst strample etwa 10 km auf dem Tretrad. Unsere Ernährung haben wir auf Vollkorn und Bio umgestellt – soweit das im Einzelfall möglich ist.

Weil unser Körper, so der Apostel Paulus, „Tempel des Heiligen Geistes" ist (1. Korinther 6,19), muss er zu seinem Recht kommen. Er will gefördert und gestärkt werden, so gut es geht. Nur dann kann er ein brauchbares Werkzeug und Instrument für Gottes Ziele sein. Sich körperlich zu vernachlässigen oder gar in Gefahr zu bringen, ist keine christliche Tugend. Die Mystikerin Teresa von Ávila hat im Mittelalter formuliert: „Tu deinem Leib etwas Gutes, damit deine Seele Lust hat, darin zu wohnen."[38]

Gerade dann, wenn manche körperlichen Prozesse schwächer werden, ist es besonders wichtig, den Körper gut zu pflegen, alles dafür zu tun, die Lebenskraft zu erhalten und die Beweglichkeit zu fördern. Unser Körper ist eine Leihgabe, die Gott uns für eine bestimmte Zeit anvertraut. Mit geliehenen Dingen geht man bekanntlich sorgsam um.

Richtige Ernährung und viel angemessene Bewegung sorgen für einen gesunden Knochenbau, für kräftige Muskeln, für ein gut durchpulstes Herz und elastische Blutgefäße. Unsere körperliche Aktivität kommt unserer geistigen Fitness zugute. Sie hebt unsere Stimmung. Es kommt zu einem Aha-Effekt: Ich bin durchaus leistungsfähig. Das wirkt antidepressiv, macht ausgeglichen und zufrieden.

Bereits eine halbe Stunde Sport täglich verjüngt unseren Körper, so das Ergebnis einer Untersuchung an der Medizinischen Hochschule Hannover. „Es ist erwiesen, dass das biologische Alter schon nach nur sechs Monaten regelmäßigen Trainings um mehrere Jahre sinkt ... Verjüngung ist möglich."[39] Da meine Frau und ich bemüht sind, uns sportlich zu betätigen, sind wir gespannt, wie es mit unserer biologischen Verjüngung weitergehen wird ...

Darüber hinaus tut körperliche Bewegung auch unserem Geist gut. Das belegen vielfältige Untersuchungen. Wer seine Muskeln gezielt und regelmäßig bewegt, tut damit automatisch auch seinem Gehirn etwas Gutes. Diesen engen Zusammenhang hat bereits der römische Satirendichter Juvenal (1. und 2. Jahrhundert) erkannt, wenn er hofft, dass in einem „gesunden Körper ein gesunder Geist" sein möge. Er hat damit das Wechselspiel scharfsichtig wahrgenommen. Denn unsere Muskelzellen verrichten nicht nur Bewegungsarbeit, sondern sie geben auch – man höre und staune – wichtige Substanzen in die Blutbahn ab. Sie regen im Gehirn die Bildung von Blutgefäßen und Nervenzellen an, die wiederum untereinander neue Vernetzungen bilden. Das verbessert die Gedächtnisleistung und wirkt dem Gehirnabbau entgegen bzw. verzögert ihn. Somit erweist sich regelmäßige körperliche Bewegung für unser Gehirn als Lebenselixier. Sie taucht uns in den Jungbrunnen ein. Das kann Demenz zwar nicht verhindern, wohl aber hinauszögern.

Der positive Effekt zeigt sich nachhaltig an solchen Personen, die in einem Kloster bzw. in einem Diakonissen-Mutterhaus leben. „Ora et labora", diesen alten Leitspruch der Benediktiner hat man sich dort auf die Fahnen geschrieben. Jeder hat dort seine spezielle Aufgabe, und mag sie noch so klein sein. Jeder ist für andere wichtig, keiner „auf dem Abstellgleis".

Dabei zeigt sich: Wer dort lebenslang aktiv ist – und das sind die allermeisten – und dabei Aufgaben für andere übernimmt, verbraucht wesentlich mehr Energie als ältere Personen außerhalb der Klostermauern. Die erfreuliche Folge: Während Frauen derzeit durchschnittlich 83 Jahre alt werden, liegt das durchschnittliche Sterbealter im Diakonissen-Mutterhaus Elbingerode – so habe ich mich von Direktor Pfarrer Reinhard Holmer informieren lassen – bei 91 Jahren. Man sieht: Aktivitäten halten fit.

Daneben versteht es sich von selbst, die Möglichkeiten der medizinischen Vorsorge zu nutzen. Obendrein sollten wir unsere Finger von dem lassen, was unsere Gesundheit nachweislich schädigt. Denn manche Krankheiten zieht man sich selbst zu.

Diejenigen haben ein falsches Bild vom Altwerden und Altsein, die es gleichsetzen mit Passivität, Abbau von Fähigkeiten, geistigem Verfall, Pflegebedürftigkeit, Leid und Schmerz.

Prof. Werner Vogel, Evangelisches Krankhaus Hofgeismar, lehnt düstere Prognosen wie diese ab: „Die Hälfte aller Frauen schickt sich an, dement zu werden, die Männer zwar ein bisschen seltener, dafür sterben sie früher. Und das bei immer weniger jungen Menschen in schlecht bezahlten Pflegeberufen."[40] Vogel hinterfragt das sehr kritisch. Denn wer im Alter krank wird, muss das nicht zwangsläufig bleiben. Es ist eine vielerorts gemachte Erfahrung und entspricht medizinischer Erkenntnis: Auch im hohen Alter kann man durchaus gesund bleiben bzw. wieder gesund werden.

Sich mit Alterseinschränkungen „abzufinden bedeutet nicht, sich aufzugeben und passiv dem unbestimmten und unbekannten Ende entgegenzujammern. Im Gegenteil: Wir Alten sind besser dran, einen für andere und uns selbst verträglichen Kompromiss zu finden. Irgendwo zwischen unintelligenter Koketterie, die uns der Lächerlichkeit preisgibt, und dem Versuch, mit Anstand und Würde alt zu werden."[41]

Gerade dann, wenn unsere körperlichen Prozesse schwächer werden, ist es besonders wichtig, den Körper gut zu pflegen und alles dafür zu tun, seine Lebenskraft zu erhalten und die Beweglichkeit zu fördern.

Wir tragen auch auf dem körperlichen Feld Verantwortung, *dass* wir alt und *wie* wir alt werden.

Das Jugendmagazin des „Stern", der religiösen Lobhudelei völlig unverdächtig, hat als Ergebnis von Untersuchungen festgestellt: „Halleluja, Glaube ist gesund. Demnach haben fromme Menschen seltener Geschlechtskrankheiten, einen niedrigeren Blutdruck und bessere Cholesterinwerte; sie rauchen weniger, sind weniger depressiv, haben stabilere Ehen und leiden seltener an Darmkrebs; sie überstehen Herzoperationen besser und leben im Durchschnitt 6,6 Jahre länger."[42]

Lieben – je mehr Kontakte, desto besser

Wie wichtig menschliche Beziehungen auch im Alter sind, unterstreicht Prof. Ulman Lindenberger, Direktor am Max-Planck-Institut für Bildungsforschung in Berlin: „Wer körperlich aktiv ist, am sozialen Leben teilnimmt und ein geistig anregendes Leben führt, hat bessere Chancen, geistig gesund zu altern."[43] Hier bieten sich uns als Christen beste Chancen, denn wir sind eingebunden in das Netzwerk der Gemeinde. Kein Glaubender steht allein. „Herz und Herz vereint zusammen", singen wir mit Nikolaus Graf von Zinzendorf. Und Manfred Siebald stimmt an: „Gut, dass wir einander haben."

Einsamkeit gehört zu den großen Krankheiten, die sich in unseren Tagen immer mehr ausbreiten. Wie stellte der Freizeitforscher Horst Opaschowski fest? „Die größte Armut älterer Menschen ist die Kontaktarmut."[44] Viele Alte, gerade in unseren Städten, leben einsam vor sich hin, allein mit ihrem Fernseher und dem Wellensittich. Weil häufig die Beweglichkeit eingeschränkt ist und das Gehen schwerfällt, sind Begegnungen zur Mangelware geworden. Der Ausruf des Kranken, der 38 Jahre lang in Jerusalem am Teich Bethesda auf ein Wunder gehofft hat, wird heute leider von vielen nachgesprochen: „Ich habe keinen Menschen" (Johannes 9,7).

Doch Einsamsein ist Gift für die Seele. „Alles Wesentliche im Leben ist Begegnung", hat Martin Buber (1878–1965) formuliert. Wenn das zutrifft – und davon bin ich überzeugt –, fehlt dem Einsamen das Wesentliche; denn unser Ich wächst am Du. Begegnungen halten uns lebendig. Sie bereichern uns und bewahren uns davor, um uns selbst zu kreisen und darüber innerlich zu veröden. Unser Leben ist letztlich auch eine Geschichte unserer Begegnungen. Begegnungen machen reich. Telefonate und E-Mails reichen hier nicht aus, so wichtig sie im Einzelfall auch sein können. Ihnen fehlt das sichtbare Gegenüber.

Für meine Frau und mich sind unzählige Begegnungen derart wichtig geworden, dass wir mehr als dreihundert Fotos davon in unserem Treppenhaus angebracht haben. Wer uns besucht, wird erst mal neugierig. Auf der Treppe kommen sie uns entgegen, die Menschen, durch die wir gesegnet worden sind: in Bildern von theologischen Tagungen, von Studienreisen nach Italien, Griechenland, Israel, Brasilien und sonst wo, von Gottesdiensten quer durch das Land, von einer Begegnung im kleinen Kreis mit Bundespräsident Roman Herzog, mit Bundeskanzlerin Angela Merkel oder Bilder „einfach so". Im Laufe der Jahre hat sich das Netz unserer Beziehungen ständig erweitert. Wir stehen davor, staunen und danken Gott für die Menschen, die unser Leben geprägt und bereichert haben. Nicht auszudenken, was ohne sie aus uns geworden wäre! Auf jeden Fall wären wir ärmer dran.

Es sind gerade die Kontakte des sozialen Lebens, die auch unseren Kopf herausfordern. Einander zu begegnen hält unser Gehirn lebendig. Das hat einen schlichten Grund: In jedem Kontakt schlummert Unsicherheit: Wie mag es dem anderen derzeit gehen? Was mag er denken? Was hat er erlebt? Was fühlt er? Warum argumentiert er so und nicht anders? Das alles wirkt auf uns ein.

Dazu beobachten wir die Gesten des anderen, seine Gesichtszüge, seine Sprache, sein Outfit. Das beansprucht unbewusst wichtige Teile unseres Gehirns. Das arbeitet auf Hochtouren. Deshalb halten Kontakte lebendig. Gerade nach wichtigen Begegnungen sind wir ein Stück weit verändert. Neue Gedanken haben auf uns eingewirkt, neue Einsichten und Informationen. Das frischt uns auf und hält uns geschmeidig.

Auch das Feiern bringt uns mit anderen Menschen zusammen. Dafür bieten sich die Knotenpunkte unseres Lebensweges an, dazu die Denk- und Dankstationen des Kirchenjahres. Da stellen sich viele Gäste ein, die uns aufmischen und unsere Kommunikation lebendig erhalten.

Meist ist damit das gemeinsame Erinnern verbunden. Dem kommt in der Bibel ein hoher Stellenwert zu. Man blickt gemeinsam zurück und staunt: „Bis hierher hat uns der HERR geholfen" (1. Samuel 14,6). Das weckt Freude und Dank. Und wer weiß schon, wie viele Feste man noch begehen kann! Je älter wir werden, desto kostbarer werden uns solche Augenblicke. Jeder könnte der letzte sein.

Als besonders kontaktfördernd erweist sich das gemeinsame Singen und Musizieren. Die Bibel ist voll davon. Unser Glaube ist ein singender Glaube. Ein Christ, der nicht singt, ist wie ein Hahn, der nicht kräht.

„Singen gehört zu den Grundfähigkeiten des Menschen."[45] Jeder kann singen – wie auch immer. Das gilt es abzurufen. Zum Glück sind Singen und Musizieren an kein Lebensalter gebunden. Sie erweisen sich als Lebenselixier, weil sie alles aktivieren: Körper, Geist und Seele. Sie verschaffen Glücksmomente und verbessern die Sauerstoffversorgung des Gehirns. Singen vertieft die Atmung und tut deshalb der Lunge gut. Das Zusammenspiel von Text, Rhythmus und Melodie regt die neuronalen Netzwerke in beiden Gehirnhälften an. Und: Eine Stunde singen baut 500 Kalorien ab.

Musik kann „die Heilkräfte des Körpers aktivieren, die Stimmung verbessern und uns von belastenden, bedrückenden Erfahrungen ablenken. Gesunde bekommen gute Laune, Kranke erfahren Linderung", weiß der Neurowissenschaftler Stefan Kölsch.[46]

Singen belebt und vermittelt Freude. Es trägt zu unserer Lebenszufriedenheit bei. „Wo man singt, da lass dich nieder", weiß der Volksmund. Und er hat recht damit. Auch das „Musikhören verbessert und verlängert das Leben."[47] Die Hirnchemie ändert sich, weil dabei „besonders viel Dopamin ausgeschüttet"[48] wird. „Noch stärker werden die Effekte allerdings, wenn man selbst singt, ein Instrument spielt oder auch nur den Takt mit dem Fuß mitklopft."[49]

Viele Kirchen- und Volkslieder sind Teil unserer Biografie geworden. Sie sind tief in uns verwurzelt. Selbst bei Demenz ist manches davon abrufbar. Was wir früh im Leben gespeichert haben, bleibt uns lange erhalten und „löst in der Regel Erinnerungen an schöne Zeiten und Erlebnisse aus"[50]. Besonders die Lieder von Paul Gerhardt, so u. a. „Geh aus, mein Herz und suche Freud", haben viele gespeichert, zumindest in Ausschnitten. Sie wärmen Herz und Gemüt. In den Volksliedern verbinden sich geistliche mit weltlichen Themen.

Es ist ratsam, das bei älteren Menschen abzurufen. Das Gegenteil habe ich erlebt, als ich ein Seniorenheim betrat, um einen Freund zu besuchen. „Es findet gerade der Gottesdienst statt", wurde mir am Eingang mitgeteilt. Also nichts wie hin! Sicherlich war der Freund auch dort, vermutete ich. Tatsächlich. Im Gottesdienstraum waren wohl rund 30 Personen versammelt, viele im Rollstuhl oder mit Rollator. Die junge Pfarrerin gab sich redlich Mühe. Aber Ahnung hatte sie nicht, war sie doch dabei, mit den alten Menschen ein neues, modernes Lied einzuüben. Das scheiterte kläglich! Alle starrten nur auf das Papier, auf dem das Lied aufgedruckt war. Kaum einer sang mit. Eine Szene, die mir zu denken gab. Bei einem alten, vertrauten Lied wären wohl alle Besucher stimmlich und innerlich dabei gewesen. Das hätte die Atmosphäre im Gottesdienst positiv verändert.

Dankbar nehme ich wahr, wie sich im christlichen Raum, ausgehend von Baden-Württemberg, eine Veeh-Harfen-Kultur ausbreitet. Das Instrument wurde ursprünglich von einem Vater für seinen behinderten Sohn entwickelt.

Das Musizieren auf der Veeh-Harfe, die auf einen Tisch oder einen Notenständer aufgesetzt werden kann, setzt keine Notenkenntnisse voraus. Weil die Saiten mit den entsprechenden musikalischen Angaben unterlegt werden, trifft jeder sofort die richtigen Töne. Vorkenntnisse sind nicht erforderlich. Das ermöglicht gerade vielen Älteren, die früher keine Gelegenheit hatten, ein Musikinstrument zu lernen, musikalisch tätig zu werden. Nun blühen sie an der Veeh-Harfe auf. Tun sich mehrere zusammen, entsteht ein konzertierendes Ensemble, das nicht nur den Musizierenden selbst, sondern auch den Zuhörenden Freude bereitet. Das Notenrepertoire erweitert sich ständig: Neben Kirchen- und Volksliedern stehen klassische Sonaten und andere musikalische Stücke.

Ich kann nur hoffen, dass sich die positive Ansteckung fortsetzt und die Veeh-Harfe in vielen Gemeinden Einzug hält. Dass damit auch Menschen erreicht werden können, die sich zu christlichen Veranstaltungen kaum einladen lassen, sei nur am Rand erwähnt. Außerdem erweist sich die Veeh-Harfe auch als ideales Instrument für Inklusionsprojekte.

Lachen – Das kann ja heiter werden!

Nach einer neuen Untersuchung des niederländischen Glücksforschers Prof. Ruut Veenhoven besteht ein „starker nachweisbarer Zusammenhang ... zwischen Glücksempfinden und Aktivitäten eines Menschen. ‚Unsere Studien zeigen, dass es keinen stärkeren Faktor gibt als ein in jeder Hinsicht aktives Leben.'" Dabei geht es weniger um „die Art der Aktivität als ums Mitmachen, Dabeisein, Sich-Einmischen.

Das Schöne an diesem Ergebnis ist: Niemand muss auf eine Veränderung äußerer Faktoren wie mehr Geld oder einen neuen Job warten. Insofern kann jeder wirklich selbst etwas für sein Glück tun."[51]

Freude hat viel mit der Art zu tun, unser Leben mit anderen Menschen zusammen zu gestalten. Jede Art von Engagement im Zusammenspiel mit anderen wirkt sich positiv aus. Vieles von dem, was wir anpacken, wird uns Spaß machen und unsere Freude vermehren – und die Freude anderer dazu. So werden wir einander zu „Gehilfen der Freude" (2. Korinther 1,24).

Das versteht sich leider nicht von selbst. Deshalb haben viele, die dem Glauben eher abständig gegenüberstehen, von unseren christlichen Veranstaltungen ein eher negatives Bild. Freude, Lachen, Heiterkeit? Eher nicht.

So berichtete mir die Leiterin eines Frauenkreises, dass neulich eine Frau zum ersten Mal dabei war. Es gefiel ihr sehr gut. Hinterher vertraute sie der Leiterin an: „Bei Ihnen wird ja gelacht!" Alles andere hätte sie wohl bei Christen erwartet, aber nicht dieses! Lachen bei Christen – undenkbar!

Da frage ich mich: Welches Image haben wir doch als christliche Kreise: Da sitzen Trauerklöße zusammen, die die Schlechtigkeit der Welt und des eigenen Lebens beklagen. Obendrein Gutmenschen, die sich angestrengt mühen, die Welt zu verbessern. Auf jeden Fall geht es bei den Christen herb und ernst zu. Von Freude und Lachen keine Spur!

Dabei hat die Freude im christlichen Glauben einen hohen Stellenwert. Sie wird vom Apostel Paulus in seinem Katalog der Gaben des Heiligen Geistes gleich hinter der Liebe und vor dem Frieden eingeordnet (Galater 5,22). „Seid allezeit fröhlich", ermuntert er die Gemeinde in der griechischen Hafenstadt Thessalonich (1. Thessalonicher 5,16).

Gelebte Freude zeitigt rundum gute Folgen: Fröhliche

Menschen leben erwiesenermaßen länger und gesünder. Sauertöpfische Menschen dagegen, die überall nur Schlimmes wittern, verdrießen nicht nur ihre Umwelt, sondern auch sich selbst. Sie fallen anderen zur Last. Gern schlägt man um sie einen großen Bogen. Mit Griesgramen ist man nur ungern zusammen.

Wie können Freude, Humor und Lachen bei uns Raum gewinnen? Zum Beispiel indem wir uns mit lebensbejahenden Menschen umgeben und unseren Teil dazu beitragen, dass gefeiert und gelacht werden kann. Das hat eine wunderbar positive Dynamik auf Körper und Seele. „Lachen und Lächeln sind Tor und Pforte, durch die viel Gutes in den Menschen hineinhuschen kann", wusste bereits der Schriftsteller Christian Morgenstern (1871–1914). Und: Wo fröhliche Menschen beieinander sind, kommt man gern hinzu.

Insofern beinhaltet die Freude eine türöffnende Komponente. Davon war bereits der englische Erweckungsprediger Charles Haddon Spurgeon (1834–1892) überzeugt: „Der christliche Prediger muss sehr heiter sein. Ich empfehle Heiterkeit allen denen, die Seelen gewinnen wollen. Nicht Leichtsinn und Oberflächlichkeit, aber ein freudiges, glückliches Gemüt. Man fängt viel mehr Fliegen mit Honig als mit Essig."[52]

Obendrein: Freude will man gerne teilen. Sie verbindet miteinander. Humor erweist sich als vorzügliches soziales Schmiermittel. Man kommt besser miteinander aus. Mit einer Prise Humor werden Missverständnisse und Peinlichkeiten locker abgefedert.

Zur Lebensfreude gehört auch, dass wir über uns selbst schmunzeln und lachen können. Wir sind nicht der Nabel der Welt, sondern kleine, fehlbare Marschierer. Wenn uns einmal etwas danebengeht: Was tut's?

Lachen wirkt sich nicht nur auf unser Gemüt, sondern

auch auf unseren Körper positiv aus. Siebzehn Gesichtsmuskeln werden dadurch aktiviert. Die Stimmbänder geraten in Schwingung. Das Zwerchfell massiert die Eingeweide. Das wiederum tut der Verdauung gut. Darüber hinaus werden Stresshormone abgebaut. Das Immunsystem wird gestärkt.

Wenn wir als Christen nichts zu freuen und zu lachen haben, wer dann? Lasst uns fragen: Worüber kann ich mich heute freuen und Gott dafür danken? Und vor allem: Wie kann ich anderen zur Freude verhelfen? Hier sind der Fantasie keine Grenzen gesetzt. Der frühere Bundespräsident Johannes Rau (1931–2006) hat es auf den Punkt gebracht: „Christen, die nicht lachen können, sind zum Weinen."

Der Schweizer Reformator Huldrych Zwingli unterstreicht den Zusammenhang zwischen Glauben und Freuen: „Wenn unser geistliches Leben Frucht bringt, werden wir mit Freude erfüllt, was das deutlichste Zeichen der Größe des Glaubens ist."[53]

Das wird von Martin Luther unterstrichen: „Wir können an der fehlenden Freude den Mangel unseres Glaubens erkennen. Denn wie stark wir glauben, so stark müssen wir uns auch notwendig freuen."[54]

Freude wird auch genährt, wenn wir uns im Sinne des christlichen Glaubens für andere Menschen einsetzen. Diesen Zusammenhang beschreibt der katholische Theologe und Psychiater Manfred Lütz aus aktueller Perspektive: „Unser Dorf hier im Rheinland ist glücklicher, seit wir Flüchtlinge haben, weil viele Menschen, die bislang nur ihre Rente aufgezehrt haben, jetzt Deutschkurse geben oder Flüchtlinge zum Arzt begleiten. Es gibt viel mehr Kommunikation im Dorf, man sieht mehr lächelnde Gesichter. Menschen in Not zu helfen erlebt man als in sich sinnvoll."[55]

Du bist so jung wie deine Zuversicht

Niemand wird alt, weil er eine Anzahl
Jahre hinter sich gebracht hat.
Man wird nur alt, wenn man seinen
Idealen Lebewohl sagt.
Mit den Jahren runzelt die Haut,
mit dem Verzicht auf Begeisterung
aber runzelt die Seele.

Du bist so jung wie deine Zuversicht,
so alt wie deine Zweifel,
so jung wie deine Hoffnung,
so alt wie deine Verzagtheit.
Solange die Botschaft der Schönheit,
Freude und Kühnheit, der Größe der Erde,
des Menschen und des Unendlichen
dein Herz erreicht, solange bist du jung.

Albert Schweitzer[56]

9. ... dann kommt etwas dazwischen: Wir scheitern

Glauben macht bescheiden. Beim Rückblick auf unsere bislang passierte Lebenslandschaft steht uns auch vor Augen, was uns misslungen ist. Wir haben keinen Anlass, Triumpharien zu schmettern. Das bisherige Leben hat uns hoffentlich vom hohen Ross heruntergeholt. Je reifer wir im Laufe der Jahre werden, desto bescheidener werden wir, desto zurückhaltender, was vollmundige Urteile betrifft. Wir werden selbstkritisch und demütig – hoffentlich.

So hat es Philipp Jakob Spener (1635–1705) erkannt, der Begründer der evangelischen Bewegung des Pietismus: „Je weiter ein Christ kommt, umso mehr sieht er, was ihm mangelt. Er wird von der Einbildung der Vollkommenheit dann weit entfernt sein, wenn er sich derselben am meisten befleißigt."[57] Und der Liederdichter Ernst Gottlieb Woltersdorf (1725–1761) beteuerte: „Wenn ich mich selbst betrachte, so wird mir angst und weh."[58]

Verlassen wir uns darauf: Es wird mit uns nicht besser. Je enger unser Verhältnis zu Gott ist, desto mehr spüren wir unsere Unzulänglichkeit. Deshalb: Lasst uns gläubig und getrost leben, aber zugleich bescheiden.

Scheitern inbegriffen

Nicht alles gelingt uns so, wie wir uns das vorgestellt haben. Wir werden schuldig. Wir scheitern. Das ist schmerzlich und lässt uns erkennen, dass wir zerbrechliche und fehlbare Menschen sind. Insofern gehört Scheitern zu unserem Leben dazu. Wer dagegen meint, das Normale sei, dass alles glatt gehen müsste, der hat ein verfehltes Bild vom Menschsein und vom eigenen Leben. Dietrich Bonhoeffer weiß: „Die Stunde unseres Scheiterns ist die Stunde der unerhörten Nähe Gottes und gerade nicht der Ferne."[59]

Misserfolge und Scheitern bewahren uns davor, abzuheben und das Gefühl für die Realität zu verlieren. Sie halten uns „auf dem Teppich". Sie machen uns menschlich.

Leider kann es zu einer Abwärtsspirale des Misserfolgs kommen, die uns immer tiefer in den Strudel der Ängste reißt. Aus einem Malheur wird schnell das nächste. Je tiefer wir hineingezogen werden, desto schwieriger ist es, den Rückweg zu finden. Wenn wir nicht mit Misserfolgen umgehen, gehen die Misserfolge mit uns um. Sie machen uns zu einem entmutigten Menschen. Wer am laufenden Band versagt, fühlt sich schnell als Versager. Das Scheitern brennt sich ins Lebens- und Wertgefühl ein. Deshalb ist es wichtig, in diese negative Spirale einzugreifen, sie zu unterbrechen und neue Anfänge zu wagen.

Die Bibel ist von ihren Anfängen an durchzogen vom – zumindest zeitweisen – Scheitern großer Persönlichkeiten: Das beginnt bereits bei Adam und Eva und setzt sich fort über Noah, Abraham, Mose und andere. In der jüngeren Geschichte geht es weiter: Albert Schweitzer ist sitzengeblieben, der Politiker und frühere Kanzlerkandidat Peer Steinbrück gleich zweimal. Politiker stürzen in der Wählergunst ab. Branchen und ihre Firmen durchleben Krisen.

Auch die eigene Erfahrung sagt: Es läuft nicht alles wie gewünscht. Keinem gelingt das Leben so, wie er es erträumt hat. Es geht in jedem Leben „gemischt" zu. Das muss so sein: Wir gleichen einem Ackerboden. Der braucht nicht nur Sonne, Licht und Wärme, sondern es tut ihm auch gut, wenn der Sturm darüberfegt, wenn der Frost klirrt und wenn es ausgiebig regnet.

So auch wir: Zu uns gehören nicht nur Erfolge, schöne Stunden, in denen uns viel glückt, sondern auch Augenblicke, in denen uns was danebengeht und wir von uns enttäuscht sind.

Ich erinnere mich noch daran, wie ich nach wenigen Wochen im Pfarramt mit meinem Auto kühn zurücksetzte. Leider hatte ich dabei das Auto des Dorfbäckers übersehen, der am Straßenrand parkte. Es gab zwar nur Blechschaden, aber das war mir unendlich peinlich. Da kommt ein junger Pfarrer in die Gemeinde – und gleich passiert ein Unglück. Der gute Ruf ist ruiniert. Was sollen nur die Leute denken?, schoss es mir durch den Kopf.

Aber: Aus Schaden wird man bekanntlich klug, wie der Volksmund weiß. Jeder kann sich denken, wie vorsichtig ich seitdem rückwärts fahre.

Grenzen annehmen

Manche Misserfolge werden bei uns dadurch ausgelöst, dass wir uns überschätzen und von uns etwas erwarten, was uns überfordert, weil unsere Fähigkeiten das nicht hergeben. Unsere Gaben sind begrenzt. Dagegen stehen manchmal die Träume, die wir mit uns, aber auch mit unseren Kindern und Enkeln haben. Sie machen uns anspruchsvoll. Sie setzen uns und andere unter Druck. Wir legen die Latte sehr hoch. Wenn das Erstrebte nicht oder kaum erreicht wird, sind wir von uns und anderen enttäuscht und jammern über unseren Misserfolg.

Oft steht uns unser Ehrgeiz im Weg. Frage: Sind unser Wollen, unsere Ziele und Maßstäbe wirklich gut und angemessen? Passen sie zu uns? Manchmal ist es hilfreich, zurückzuschrauben und realistischer von uns zu denken, damit wir uns nicht überfordern und beispielsweise eine Aufgabe übernehmen, die uns zwar reizt, die aber unseren Gaben nicht entspricht.

Die Frage muss sein: Passt das, was ich mir vornehme, zu meiner Persönlichkeit? Oder bürste ich mich damit gegen den Strich? Wir werden mit uns nur dann zufrieden sein, wenn wir uns im Kernbereich unsere Talente bewegen. Nur dort sind wir stark. Es hat keinen Sinn, Zeit und Energie mit dem Kampf gegen offensichtliche Schwächen zu vergeuden. Hier ist Schadensbegrenzung angesagt, mehr nicht.

So bei mir im Zeichnen. Hier war ich bereits in der Schule außerordentlich schwach. Das lag wohl an meinen Genen, denn mein Vater pflegte unter die Bilder, die er uns Kindern gerne malte, säuberlich zu schreiben, was das sein sollte. Ich als Grafiker oder Zeichner? Das wäre eine Lachnummer geworden. Schuster, bleib bei deinem Leisten. Wenn man eine Situation nicht ändern kann, dann muss man sich selbst ändern. Anders geht's nicht.

Meiner Frau ergeht es ähnlich. Sie musste bereits in der Schule wegen ihrer mangelhaften Handschrift öfters nachsitzen. Zugegeben: Es hat nur wenig genützt. Daran hat sich bis heute leider nichts geändert. Macht nichts! Angesichts ihres Fleißes und ihrer Stärken fällt die Handschrift nicht ins Gewicht, zumal im Zeitalter der Handys und Smartphones.

Je nüchterner wir uns einschätzen, desto leichter fällt uns der Dank für das, was vorhanden ist. Danken verhindert, dass sich das Negative bei uns eingräbt. Das Glas ist nicht nur halb leer, sondern auch halb voll. Es kommt auf die Perspektive an.

Misserfolge stellen sich unweigerlich dort ein, wo wir es mit anderen Menschen zu tun haben. Das beginnt in der Familie und setzte sich bei mir fort in der Firma, in der ich zehn Jahre als kaufmännischer Angestellter gearbeitet habe. Erst recht später in der Kirchengemeinde. Da kann ich nicht nur auf Erfreuliches verweisen, sondern muss auch die Scherben bedenken, die ich fabriziert habe, weil ich einem Menschen nicht gerecht geworden bin oder eine Situation nicht richtig eingeschätzt habe. Und das alles im besten Wollen!

Ein wichtiges Lernfeld

Mein bisheriges Leben hat mir gezeigt: Ich bin ein begrenzter, fehlbarer und oftmals irrender Mensch. Wer mehr von sich erwartet, überschätzt sich. Wir haben es zu lernen, mit Misserfolgen umzugehen und sie anzunehmen. Wer es anders hält nach dem Sprichwort „Mach es wie die Sonnenuhr, zähl die heitren Stunden nur", der macht sich etwas vor. Der lebt verkürzt. Er betrügt sich um eine wichtige Seite seiner Biografie. Denn nirgends lernen wir so reichlich wie dort, wo uns etwas nicht (gleich) gelingt, wo wir zum Innehalten und Nachdenken genötigt werden.

Der französische Schriftsteller Antoine de Saint-Exupéry betet: „Bewahre mich vor dem naiven Glauben, es müsste im Leben alles glattgehen. Schenke mir die nüchterne Erkenntnis, dass Schwierigkeiten, Niederlagen, Misserfolge, Rückschläge eine selbstverständliche Zugabe zum Leben sind, durch die wir wachsen und reifen."[60]

Entscheidende Wachstumsschritte machen wir nicht unbedingt dann, wenn wir uns auf Höhenflügen befinden, sondern eher auf Durststrecken. Francesco Petrarca, ein Theologe aus dem Mittelalter, hat das gewusst: „Wohlbehagen ermattet den Geist. Schwierigkeiten erziehen und kräftigen ihn."[61]

Verarbeitete Misserfolge und Niederlagen, aus denen wir dann die richtigen Schlüsse ziehen, lassen uns wie nichts anderes innerlich wachsen und reifen. Sie geben unserem Denken und Treiben Tiefgang. Viele sind durch Misserfolge innerlich gestärkt worden und haben neue Orientierung gefunden. Scheitern kann zu einem Rohmaterial werden, durch das Gott bei uns Neues in Gang setzt. Es regt an, uns neu zu orientieren. Am Ende können wir sogar für manches Scheitern danken.

Der Pfarrer beendet nach über dreißig Jahren seinen Dienst in der Gemeinde. Er freut sich auf den wohlverdienten Ruhestand. Wenn da nicht noch der beschwerliche Umzug wäre!
　Als fast alle Möbel aus dem Pfarrhaus ausgeräumt sind, findet er einen kleinen Karton. Sein Inhalt: sieben Eier – und fast 300 Euro. Der Pfarrer ist verdutzt und fragt seine Frau, was es wohl damit auf sich hat. Die Antwort: „Jedes Mal, wenn du eine schlechte Predigt gehalten hast, habe ich ein Ei von unseren Hühnern in den Karton gelegt."
　Das schmeichelt unserem Pfarrer: in mehr als drei Jahrzehnten nur sieben Eier! Ihm schwillt die Brust. „Und woher kommt dann das viele Geld?", fragt er nach.
　„Nun ja", gibt seine Frau zurück, „immer wenn zehn Eier beieinander waren, habe ich sie verkauft."

10. ... und auch das noch: Wir werden krank

Da muss ich nicht wie ein Blinder von der Farbe reden: Vor etwa zwanzig Jahren war ich ernstlich krank. Es ging ans Leben. Mir wurde vor Augen geführt, wie zerbrechlich mein Dasein ist. Es hing am seidenen Faden. Da ist es gut, wenn einem klar geworden ist, wer diesen Lebensfaden in seiner Hand hat.

Aber das Thema ist gefahrenreich. Unweigerlich werde ich an Geburtstagsbesuche in meiner früheren Kirchengemeinde erinnert. Die meist älteren Geburtstagskinder erzählten gern von ihren überstandenen Krankheiten. Mancher holte ein Glas hervor mit eingelegten Nierensteinen oder ähnlichen Kostbarkeiten, die man dem Leib entnommen hatte: „Schauen Sie her, Herr Pfarrer, so krank war ich, so schlimm stand es um mich." Je ärger die Krankheit, je länger die Narben, desto ausgiebiger konnte man erzählen. Desto wichtiger wurde die eigene Person.

Ja, man kann sich mit seinen Krankheiten und Kümmernissen wichtigmachen. Je älter man wird, desto lieber. Man steht so schön im Mittelpunkt. Man wird bedauert. Das kann einem so richtig guttun.

Aber was, wenn es mit dem Kranksein richtig ernst wird?

Krankheit tragen

Bei mir begann alles mit einer heftigen einseitigen Angina mit hohem Fieber. In dieser Heftigkeit war sie mir völlig ungewöhnlich. Ein Vierteljahr später wurde der Lymphknoten rechts am Hals wieder dick, aber ohne Angina und Fieber.

Meine Frau redete mir lange zu, bis ich endlich zu unserem Hausarzt ging. Der ahnte nichts Gutes und schickte mich gleich ins Krankenhaus. Mir wurde mulmig zumute: Onkologische Station. Und das am Tag vor Heiligabend.

Nach einigem Hin und Her stand die Diagnose fest: aggressives Lymphom. Lebenserwartung bei Nichtbehandlung: ein knappes Jahr. Heilungschancen: etwa 50 %.

Bisher kannte ich solche Befunde nur bei anderen: bei meinen Gemeindegliedern, bei Krankenhausbesuchen und sonst wo. Aber ich? Natürlich war mir klar, dass es auch mich treffen konnte. Aber gedanklich war alles weit weg.

Nach der Diagnose ist mir taumelig zumute. War's ein böser Traum? Aber ich habe mich der Wirklichkeit zu stellen. Auf den Untersuchungsmarathon folgt die langwierige Behandlung: Chemotherapie, Antikörperinfusion, Bestrahlung. Ein halbes Jahr hindurch. Am Bett habe ich stets einen Eimer stehen. Zum Glück brauche ich ihn kaum.

Fragen brechen auf: Wie lange habe ich wohl noch zu leben? Was wird aus meiner Frau, aus den Kindern und Enkeln? Ich hole die Unterlagen für Nachlass und Beerdigung hervor und bringe sie auf den neuesten Stand.

Auf einer Autofahrt höre ich eine Kantate von Johann Sebastian Bach. Sie hat den beziehungsreichen Titel: „Ich steh mit einem Fuß im Grabe". Ich lausche ihr mit gemischten Gefühlen. Aber Bach hat recht. Und die Wahrheit schadet nie.

Daneben steht das andere: Täglich erfahren meine Frau und ich, was der Psalmbeter wusste: „Gott legt uns eine Last auf, aber er hilft uns auch" (Psalm 68,20). Es vergeht kein Tag, an dem wir nicht Grund zum Danken haben. Die Behandlung schlägt unverzüglich an. Die Nebenwirkungen halten sich in Grenzen.

Ich gehe mit leichten Einschränkungen meiner Arbeit nach, wozu mir auch die Ärzte raten. Zu den ambulanten

Infusionen nehme ich meinen Laptop mit. Ich versehe die Dienste an den Wochenenden. Lediglich die Sitzungen im Laufe der Woche kann ich wegen der zahlreichen Krankenhaustermine nicht wahrnehmen. Aber daran hat das Reich Gottes, soweit ich es bis heute einschätze, keinen erkennbaren Schaden genommen.

Täglich fallen meiner Frau und mir kleine Steine vom Herzen. Täglich Grund zum Danken.

In einem Ostergottesdienst bete ich mit der Gemeinde im Wechsel den Psalm 118. Dort heißt es in Vers 17: „Ich werde nicht sterben, sondern leben und des HERRN Werke verkündigen." Das geht mir durch und durch und weckt in mir große Zuversicht. Ich bekräftige noch einmal in meinem Innern: Darum soll es mir künftig in allem gehen: Jesus nachfolgen und seine „Werke verkündigen".

Dazwischen habe ich eigentümliche Erlebnisse, die für mich noch Wochen zuvor undenkbar waren: Der Haarausfall ist unausweichlich. Wie kommt man an eine Perücke? Wie geht man damit um? Wie sieht man damit aus? Erkennen mich die Leute wieder oder lachen sie sich schlapp? Und wie kann ich bis dahin meine verbliebenen Haare so geschickt verteilen, dass der Eindruck überquellender Fülle entsteht?

Tragende Gemeinschaft

In der Krankheitszeit habe ich intensiv wie nie zuvor erlebt, welcher Segen von der „Gemeinschaft der Heiligen" ausgeht, von der wir im Glaubensbekenntnis sprechen. In unglaublich vielen Zuschriften haben mir bekannte und unbekannte Geschwister versichert, täglich für mich zu beten. Ich stand also nicht verlassen da, sondern wusste mich eingebettet in die Schar von Christen, die mit mir den Weg des Glaubens gingen und regelmäßig für mich ihre Hände falteten.

Viele Zuschriften waren mit Bibelworten versehen. Andere Schreiber zitierten christliche Persönlichkeiten. Stellvertretend dafür ein Wort von Franz von Sales, einem katholischen Theologen und Erbauungsschriftsteller aus der Zeit nach Martin Luther:

> *Gott hat dieses Kreuz, bevor er es dir schickte,*
> *mit seinen allmächtigen Augen betrachtet,*
> *es durchdacht mit seinem göttlichen Verstand,*
> *geprüft mit seiner neuen Gerechtigkeit,*
> *mit liebenden Augen es durchwärmt,*
> *es gewogen mit seinen Händen,*
> *ob es einen Millimeter zu groß*
> *oder ein Milligramm zu schwer sei.*
> *Und er hat noch einmal auf deinen Mut geschaut,*
> *und so kommt es schließlich aus dem Himmel zu dir,*
> *als ein Gruß Gottes an dich,*
> *als ein Geschenk der barmherzigen Liebe.*

Wer krank ist, danke Gott für jeden Menschen, der sich um ihn kümmert! Denn in schweren Zeiten kann Einsamkeit zur tödlichen Gefahr werden. Hilfen erhalten wir auch über das Internet. In vielen Orten gibt es Selbsthilfegruppen, in denen sich Betroffene austauschen und einander unterstützen. Auf jeden Fall raus aus der Isolation!

Das Gute sehen

Jede Erkrankung hat ihre eigene Sprache. Sie birgt auch Chancen in sich. Sie lässt uns innehalten. Sie bringt uns zum Nachdenken und kann Veränderungen anregen, dazu auch unser Verhältnis zu Gott und unseren Mitmenschen klären und vertiefen.

Mir fällt auf, wie oft in der Bibel – besonders im Buch der Psalmen – geklagt, gestöhnt und Gott angeklagt wird. Das ist uns also nirgends verboten. Wir müssen uns vor Gott nicht zusammenreißen. Es soll zwischen ihm und uns ehrlich zugehen. Keiner muss das in sich hineinfressen, was ihn bedrückt. Wir brauchen Gott keine fromme Fassade zu präsentieren, sondern dürfen offen und frei aussprechen, wie uns ums Herz ist. Das wird uns entlasten und befreien.

Während meiner Krankheit sind mir die Augen aufgegangen für die reichen medizinischen Möglichkeiten, die in unseren Breitengraden zur Verfügung stehen. Ich nehme die gesundheitliche Versorgung einschließlich der Medikamente nicht mehr als selbstverständlich hin. Vielleicht auch deshalb, weil ich oft in ärmeren Ländern unterwegs gewesen bin. Viele Erkrankungen, die heute geheilt werden, waren noch vor einigen Jahrzehnten glatte Todesurteile. Ich habe Gott reichlich für die Ärzte gedankt, die sich um mich gekümmert haben.

Ich habe gewusst: Gott kann mich durch ein unverhofftes Wunder plötzlich heilen. Aber mir war auch klar: Der Normalfall ist das nicht. Deshalb habe ich nicht um dergleichen gebetet, sondern um Genesung und Hilfe so, wie Gott das für mich vorgesehen hat. Wenn ärztliche Kunst und wirkungsvolle Medikamente meine Gesundheit wiederherstellen, nehme ich das dankbar aus der Hand meines Herrn. Gott wird es recht machen. Davon war ich überzeugt. Sein Handeln ist stets wunderbar – so oder so.

Zeuge sein

In meiner Krankheitszeit habe ich oft gebetet: „Herr, mein Gott, lass schwierige Zeit nicht geistlich spurlos vorübergehen. Forme mich so, dass mein Erleben anderen zum Segen werden kann!" Als Christ lebe und leide ich nicht nur für mich selbst. Die Art, wie wir eine Durststrecke durchstehen, kann zu einer stillen Anrede für die werden, mit denen wir zu tun haben. Auch die Art, wie wir mit unseren Beschwernissen umgehen, ist ein Glaubenszeugnis.

Ein frommer Sinnspruch, den ich irgendwo gehört habe, klingt makaber, trifft aber ins Schwarze: „Wenn der Pfarrer in der Presse ist, hat die Gemeinde das Öl davon." Deshalb war mein Wunsch und Gebet, dass diejenigen, die mit mir zu tun bekommen, durch meine Lage gesegnet werden. Ganz im Sinn meines Taufspruchs: „Gott spricht: Ich will dich segnen, und du sollst ein Segen sein" (1. Mose 12,4). Was wir durchmachen, durchzieht indirekt unsere Verkündigung. Wir geben ja keine bloßen Inhalte weiter, die man neutral vermitteln kann, sondern alles ist durch das eingefärbt, was wir erleben und wie wir es verarbeiten.

Als nach einem halben Jahr die stressige Behandlung abgeschlossen war, bin ich in die gegenüberliegende katholische Kirche gegangen und habe Gott ausgiebig gedankt. Dazu habe ich eine Kerze angezündet. Das war zwar für einen lutherischen Christen liturgisch nicht ganz einwandfrei, aber mir war einfach danach zumute, meine Freude auch sichtbar auszudrücken. Wo Gott seine Wunder tut, bleiben uns vor allem Dank und neue Bereitschaft, ihm zu dienen.

Dahinter steht übrigens eine gute biblische Tradition. Wo einzelne Gottesmänner, aber auch das alte Volk Israel auf der Wanderung ins verheißene Land, Großes erlebt haben, pflegten sie sichtbare Zeichen aufzurichten. Auch in späterer Zeit sollte jeder sehen, was hier geschehen war und wie großartig Gott gehandelt hatte. Deshalb freue ich mich in Süddeutschland und in Österreich, wenn ich Wegekreuze sehe, die an das erinnern, was unser Gott für seine Menschen getan hat und tut. Der Dank gehört dazu! „Vergiss nicht, was er dir Gutes getan hat" (Psalm 103,2).

Der französische Schriftsteller André Gide (1869–1951) gibt zu bedenken:

Ich glaube, dass die Krankheiten Schlüssel sind,
die uns gewisse Tore öffnen können.
Ich glaube, es gibt gewisse Tore,
die einzig die Krankheit öffnen kann.
Es gibt jedenfalls einen Gesundheitszustand,
der es uns nicht erlaubt, alles zu verstehen.
Vielleicht verschließt uns die Krankheit einige Wahrheiten;
ebenso aber verschließt uns die Gesundheit andere
oder führt uns davon weg,
sodass wir uns nicht mehr darum kümmern.
Ich habe unter denen,
die sich einer unerschütterlichen Gesundheit erfreuen,
noch keinen getroffen, der nicht
nach irgendeiner Seite hin
ein bisschen beschränkt gewesen wäre –
wie solche, die nie gereist sind.[62]

11. Hilfe(n) annehmen – das will gelernt sein!

„Einer trage des anderen Last, so werdet ihr das Gesetz Christi erfüllen" (Galater 6,2). Dieses Wort des Apostels Paulus ist bekannt. Es kann uns hart ankommen, die Lasten anderer zu tragen. Sie können zu einer schweren Bürde werden. Aber mindestens genauso schwer kann es sein, wenn andere unsere Lasten übernehmen, wenn uns geholfen wird, ja, sogar geholfen werden muss.

Ob wir es gelernt haben, uns von anderen helfen zu lassen, zeigt sich nicht erst dann, wenn die Not groß und Hilfe dringend erforderlich ist, sondern schon lange vorher. Wir sind von Kindesbeinen an darauf angewiesen, dass andere uns unterstützen und helfen. Das will von uns angenommen und gewürdigt sein. Danke sage ich, wenn mir jemand hilft.

Trotzdem würdig

Je älter wir werden, desto mehr nimmt unsere Hilfsbedürftigkeit zu – normalerweise jedenfalls. Denn das Alter bringt Grenzen und eigene Lasten. Wir erleben uns mehr und mehr als hilfsbedürftig. Das macht Angst. Da geht es nicht mehr nach dem Motto: „Selbst ist der Mann … selbst ist die Frau."

Mehr und mehr brauchen wir im Alltag Unterstützung: Andere erledigen die Einkäufe für uns und tragen schwere Gegenstände. Sie helfen uns, mit den neuen technischen Geräten umzugehen. Sie haben den Durchblick, der uns dann abgeht. Sie verfügen über Beweglichkeit und Tatkraft, die bei uns weniger werden. Weil wir unser Auto abgegeben haben, sind wir nun darauf angewiesen, dass uns jemand zum Arzt fährt. Und, und, und.

Das kann bis dahin gehen, dass wir gewaschen und gefüttert werden, dass wir uns wie ein Kind führen und tragen lassen, dass wir uns an- und ausziehen lassen. Manches ist peinlich zu ertragen. Hilfsbedürftig zu sein, gilt eher als unehrenhaft. Es gehört Selbstüberwindung dazu, sich helfen zu lassen. Vielleicht sind wir zu stolz, um schwach zu sein.

Andere treffen dann die Entscheidungen für uns. Wir geben die Regie ab. Das verlangt Demut. Wie wir das erleben, entscheidet sich lange vorher: dass wir uns in der Kunst üben, etwas loszulassen und uns von anderen helfen zu lassen – zumindest gelegentlich. Dann wird es uns im Alter leichter fallen.

Spätestens dann stehen wir nicht mehr im Mittelpunkt als bestimmendes Subjekt. Wir werden nun eher zum Objekt. Aber auch dann haben wir Würde vor Gott und den Menschen. Wir sind nicht nur so lange vollwertig, wie wir stark sind. Zugegeben: Das sagt sich leichter, als es praktiziert ist.

Die Frage wird sein: Können wir dann mit uns noch etwas anfangen? Oder geben wir uns auf, weil wir alles als sinnlos empfinden? Hier zeigt sich, ob unser Glaube nur eine Schönwetterangelegenheit ist oder ob er auch dann trägt, wenn sich manches bei uns eintrübt.

Dein Wert ändert sich nie

Es tut weh, wenn wir nach und nach spüren: Es geht mit mir bergab. Die körperlichen Einschränkungen nehmen zu. Die Zahl der täglichen Medikamente steigert sich bis zur Unübersichtlichkeit. Auch im Kopf findet sich nicht mehr alles so geordnet und griffbereit, wie wir das gewohnt waren. Nein, es muss nicht gleich Alzheimer sein. Aber die Vergesslichkeit nimmt rapide zu. Manche Namen und Begriffe fallen uns nicht mehr spontan ein. Früher war das anders!

Mancher fragt sich dann: „Wozu bin ich eigentlich noch auf der Welt? Ich bin doch nichts mehr wert! Im Gegenteil: Ich falle mehr und mehr anderen zur Last. Noch schlimmer: Ich werde mir selber zur Last."

In solchen Augenblicken tut es gut, sich an die ersten Seiten der Bibel zu erinnern: Gott hebt die gesamte Schöpfung aus der Taufe. Auch uns Menschen hat er geschaffen, und zwar zu seinem „Ebenbild" (1. Mose 1,27). Genau darin liegt unsere Würde begründet. Gott will uns haben. Er hat sich Gutes dabei gedacht, als er uns Menschen erschuf.

Jeder darf wissen: Ich bin von Gott gewollt. Ich bin von Gott geliebt. Gott hat mich in sein Herz geschlossen. „Es geht kein Mensch über diese Erde, den Gott nicht liebt", hat es Friedrich von Bodelschwingh (1831–1910), der Gründer der Anstalten von Bethel (heute Stadtteil in Bielefeld), einprägsam auf den Punkt gebracht.

Wie verhält es sich mit der Liebe? Sie beflügelt uns. Wer sich geliebt weiß, der empfindet sein Leben als wertvoll. So auch, wenn wir Gottes Liebe erfahren. Sie lässt unser Leben aufblühen. Wir entdecken: Gott denkt sich etwas dabei, wenn ich leben darf. Ich bin wer.

Das trifft auch dann zu, wenn wir alt und schwach werden und darunter leiden, nun eingeschränkt und begrenzt leben zu müssen. Die Würde, die Gott uns zugemessen hat, kann uns keiner nehmen. In Gottes Augen sind wir kostbar und wichtig. Grund zum Loben und Danken! Das soll uns anregen, bis ins hohe Alter hinein den Kontakt mit Gott zu pflegen, indem wir beten – mit eigenen Worten, aber auch mit biblischen Texten und mit christlichen Liedern. Hier spüren wir: Ich bin nicht allein.

Umso mehr muss es uns besorgt stimmen, wenn in unserer

Gesellschaft der Eindruck entsteht, dass menschliches Leben nicht mehr unantastbar und heilig sein könnte. Gerade das Leben an den Rändern ist in Gefahr geraten: zum einen durch das Töten ungeborener Kinder im Mutterleib, zum andern durch das Ausweiten der aktiven Sterbehilfe.

Wenn wir „das Tor zum selbstbestimmten Todeszeitpunkt öffnen, kommt eine Eigendynamik in Gang, die wir nicht mehr bremsen werden"[63]. Wo menschliches Leben nicht mehr als heilig geachtet wird, können sich gerade schwache und hilfsbedürftige Menschen ihres Lebens nicht mehr sicher sein. Das zeigt sich bereits in einigen europäischen Ländern, in denen die aktive Sterbehilfe längst etabliert ist.

Hier setzen wir als Christen gegenläufige Akzente. Weil unsere menschliche Würde bis zum letzten Augenblick gilt, wollen wir todkranken und sterbenden Menschen nahe sein, auch in Hospizen und Palliativstationen. Dort steht nicht mehr die medizinische Behandlung im Vordergrund, sondern die Erleichterung des Sterbens. Menschen sollen an unserer Hand sterben, aber nicht *durch* unsere Hand.

Herbst des Lebens

Die Blätter fallen, fallen wie von weit,
als welkten in den Himmeln ferne Gärten;
sie fallen mit verneinender Gebärde.

Und in den Nächten fällt die schwere Erde
aus allen Sternen in die Einsamkeit.

Wir alle fallen. Diese Hand da fällt.
Und sieh die andre an: Es ist in allen.

*Und doch ist Einer, welcher dieses Fallen
unendlich sanft in seinen Händen hält.*

Rainer Maria Rilke

12. Demenz – und nichts bleibt, wie es war

Ein Schreckgespenst geistert durch Herzen und Köpfe der älteren Generation. Es wird von Jahr zu Jahr größer, in den Medien breit ausgewalzt. Artikel, Bücher und Fernsehsendungen sind Legion. Der Tenor ist derselbe: Demenz kann jeden treffen.

Eine Volkskrankheit

Bei manchen löst jede kleine Vergesslichkeit umgehend Alarm aus: „Alzheimer lässt grüßen." Wenn das der Arzt Alois Alzheimer (1864–1916) geahnt hätte, dass einmal mit seinem Namen eine Krankheit bezeichnet wird, die heute so viel Angst macht!

Als Alois Alzheimer dieses Leiden entdeckte, spielte es zunächst weder in der Öffentlichkeit noch in der medizinischen Szene eine Rolle. Das änderte sich jedoch durch die steigende Lebenserwartung. Obwohl auch jüngere Menschen betroffen sein können, nimmt die Krankheit prozentual mit den Lebensjahren zu. Man geht davon aus, dass von den über 90-Jährigen etwa ein Drittel Alzheimer bekommt.

Derzeit sind in Deutschland etwa 1,5 Millionen Menschen an Demenz erkrankt, davon ca. 60 % an Alzheimer. Prognosen sagen: Es wird einen rasanten Anstieg geben, bis zum Jahr 2050 wohl eine Verdoppelung.

Alzheimer tritt nur selten abrupt auf. Meist verläuft die Krankheit schleichend und in Schüben. Aber sie kann auch plötzlich über einen Menschen hereinbrechen, so zum Beispiel über Professor Walter Jens (1923–2013) aus Tübingen, der zweifellos zu den führenden geistigen Köpfen unseres Landes zählte.

Bei Alzheimer verklumpen die Fäserchen in den Nervenzellen. Es entstehen Hohlräume im Zellinnern. Die Durchblutung der Hirngefäße wird gemindert und führt zu einem zunehmenden Verlust des Orientierungsvermögens.

Bisher gibt es keine Medikamente, die die Alzheimerkrankheit heilen könnten. Sie kann im Anfangsstadium lediglich ein wenig aufgehalten und die Lebensqualität verbessert werden. Hat eine Demenz jedoch eine andere Ursache, haben passende Medikamente ihren berechtigten Platz. Gegen Alzheimer jedoch ist noch kein Kraut gewachsen, obwohl die Wissenschaft mit Hochdruck daran arbeitet. Bisherige Erfolgsmeldungen haben sich als Schall und Rauch erwiesen.

Amerikanische Forscher haben festgestellt: Regelmäßiges Gebet kann das Risiko mindern, an Alzheimer zu erkranken. Bei Frauen, die regelmäßig beten, ist die Wahrscheinlichkeit um 50 % geringer. „Das Gebet ist eine Gewohnheit, in die Gedanken investiert werden, und diese intellektuelle Aktivität kann – jenseits des Inhalts des Gebets – einen Schutzfaktor gegenüber Alzheimer bewirken."[64] Als positive Faktoren werden weiterhin genannt: gute Schulbildung, Gartenarbeit und Schreiben.

Ich kann das nicht beurteilen. Jedenfalls hat es bei unserer Mutter am Beten und an guter Schulbildung nicht gefehlt. Gearbeitet hat sie gern. Insofern nehmen wir solche optimistischen Meldungen nur mit großer Zurückhaltung auf.

Persönliches Erleben

Da meine Frau und ich Alzheimer bei meiner Mutter erlebt haben, bin ich so frei, den Verlauf aus dieser persönlichen Perspektive zu schildern. Das wird zwar nicht alle denkbaren

Aspekte der Krankheit erfassen, wohl aber einen lebendigen Einblick in unsere Erfahrungen vermitteln.

Meine Mutter lebte nach dem Tod meines Vaters mehr als 20 Jahre allein. Sie war körperlich fit. Als wir ihren 80. Geburtstag feierten, fiel uns jedoch auf, dass ihr die Namen der Enkel nicht mehr einfielen. Auch wurden wir von anderen darauf hingewiesen, dass die Mutter sich auf dem Weg in ihre Gemeinde mehrmals verlaufen hatte. Das machte uns nachdenklich.

In ihrer Wohnung stellten wir fest, dass sie nur noch eingeschränkt in der Lage war, ihren Haushalt zu bewältigen. Dennoch konnte sie in diesem Stadium der sogenannten *Vordemenz* durchaus noch in einem Chor mitsingen und Gemeindeblätter in die Häuser bringen.

Dass sie manches vergaß, bemerkte sie selbst. Das war ihr peinlich. So geschah es, dass wir die Mutter zu uns nach Siegen nahmen. Sie kam gerne zu uns, spürte sie doch, dass manches bei ihr nicht mehr rundlief. Wir lösten ihren Haushalt auf.

Von jetzt an wurde sie von unserem Hausarzt medizinisch begleitet. Ihre Einschränkungen wurden von Tag zu Tag spürbarer. Das *Vergessensstadium* war nach und nach erreicht. Die Wochentage waren nicht mehr präsent. Meine Mutter verwechselte Tag und Nacht, sodass sie manchmal nachts aufstehen und sich ankleiden wollte.

Dabei war sie körperlich durchaus in der Lage, mit meiner Frau längere Strecken spazieren zu gehen. Auch drückte sie gelegentlich ihre Dankbarkeit aus, bei uns zu Hause zu sein, weil sie ihre Defizite mehr und mehr spürte.

Ihre Gedanken gingen ständig in die Kindheit zurück. Als meine Frau sie baden wollte, wehrte sie sich: „Wenn Opa kommt, wird gebadet." Als sie aber endlich in der Wanne saß, planschte sie wie ein Kind vor sich hin.

Wir mussten alle Türen geschlossen halten, da sie öfters den Drang verspürte, nach Hause zu ihrer Mutter zu gehen. Das sogenannte *Verwirrtheitsstadium* war erreicht und ging ins *Hilflosigkeitsstadium* über.

Daneben bemerkten wir bei ihr eine gewisse Pfiffigkeit darin, ihre Defizite zu überspielen. So fragte sie der Arzt danach, wie viel denn wohl 75 weniger sieben sei. Nach einem Zögern kam die Antwort: „Vielleicht siebzig?!" „Das stimmt aber nicht", gab der Arzt zurück. Darauf meine Mutter: „Ach, Herr Doktor, wir werden uns schon einigen!"

Die Mutter war je länger, je mehr total von uns abhängig. Nachdem ihr Kurzzeitgedächtnis schon lange vorher so gut wie ausgelöscht war, ging ihr nun auch das Langzeitgedächtnis nach und nach verloren. Sie kannte uns nicht mehr. Ihre Hilflosigkeit war so umfassend, dass der Arzt uns dringend riet, die Mutter in ein Pflegeheim zu geben.

Nach einigem Zögern sahen wir ein, wie richtig dieser Schritt war. Unsere Mutter kam im „Lindenfrist" unter, das dem Christlichen Gästezentrum „Schönblick" in Schwäbisch Gmünd angegliedert ist. Dort wurde sie optimal versorgt. Bei unseren – unangemeldeten – Besuchen fanden wir sie jedes Mal sauber und gepflegt vor.

Unsere Besuche wurden von ihr anfangs noch positiv vermerkt, zum Schluss aber eher als lästig empfunden. Sie saß dann am Tisch und schob einige Dominosteine ungeordnet hin und her. Sie war so gut wie nicht mehr ansprechbar, aber wir haben sie gestreichelt und ihr damit unsere Zuwendung ausgedrückt.

Im „Lindenfrist" war das Angebot auf Demenzkranke ausgerichtet: erzählen, spielen, basteln und vieles mehr. Die Mutter konnte nach Herzenslust mit anderen Volks- und Glaubenslieder singen und auch in den Gottesdiensten zu Hause sein.

„Keine spricht das Glaubensbekenntnis lauter als deine Mutter", bekundete mir Martin Scheuermann, der Leiter des „Schönblicks". Die alten Texte und Melodien waren erstaunlich lange präsent – so wie wir das bei Dementen häufig beobachten. „Was früh erworben wurde, bleibt lange erhalten."[65] Auch deshalb ist es segensreich, sich rechtzeitig einen Speicher von guten Liedern und Texten anzulegen, von dem man in Notzeiten zehren kann.

Ein Problem bei meiner Mutter war, dass sie viel zu wenig trank. Meine Frau gab sich alle erdenkliche Mühe, sie mit allen Tricks zum Trinken zu bewegen. „Sonst wirken die Medikamente nicht richtig", gab unser Arzt zu bedenken. Auch im Pflegeheim zeigte sich dieses Problem, sodass der dortige Arzt am Ende riet, eine Sonde zum Magen zu legen. Wir waren unschlüssig: Die Mutter noch einmal ins Krankenhaus geben, wo sich ihre Irritationen noch verstärken würden? War das, was medizinisch sinnvoll sein mochte, auch menschlich angemessen?

Dankenswerterweise – ja, wir haben Gott dafür gedankt – wurde uns die Entscheidung abgenommen, weil unsere Mutter kurz darauf in der Nacht zum Sonntag Kantate plötzlich verstarb. 87 Jahre war sie alt geworden, hatte davon etwa 10 Jahre lang mit Alzheimer in seinen unterschiedlichen Stadien gelebt. Schmerz, aber vor allem Dankbarkeit waren groß. Nun konnte sie im himmlischen Chor mitsingen.

Hilfreiches im Miteinander

Wir haben in diesen Jahren viel über Demenzkranke und unseren Umgang mit ihnen gelernt. Dementen zu widersprechen, bringt so gut wie nichts, kostet aber die Nerven der Angehörigen. Kam es zu Reibereien und kleinen Auseinandersetzungen, hat uns das wenig beschwert, weil der Demente sofort vergisst. Es klingt merkwürdig, aber das erleichtert das Zusammenleben.

Meine Frau hat die Mutter regelmäßig beschäftigt. Anfangs noch mit Kartoffelschälen und anderen kleinen Tätigkeiten in der Küche. Das stärkte den Selbstwert der Mutter und gab ihr das Gefühl, gebraucht zu werden.

Als das schließlich nicht mehr ging, häkelte meine Frau einen Topflappen vor, damit die Mutter weiterhäkeln konnte. Damit war sie tagsüber beschäftigt. Am Abend trennte meine Frau das Gehäkelte, das zunehmend unsauberer wurde, wieder auf, sodass die Mutter am nächsten Tag weiterhäkeln konnte.

Zum Schluss war aber auch das nicht mehr möglich.

Im Rückblick hat sich bestätigt, was Alzheimerforscher beobachtet haben: Bei dieser Krankheit findet eine sogenannte Regression statt, umgekehrt zur Entwicklung eines Kleinkindes. Die geistigen und körperlichen Fähigkeiten reduzieren sich. Das Orientierungsvermögen schwindet mehr und mehr. Am Ende steht die völlige Hilflosigkeit einschließlich Inkontinenz. Der Mensch ist nur noch ein Schatten seiner selbst. Ein Totalverlust an Persönlichkeit ist eingetreten.

Manche berichten, dass die demente Person gelegentlich kleine Fenster in ihrem Geist gehabt hätte, in denen für einige Momente noch etwas von der früheren Persönlichkeit durchgeblitzt wäre. Dergleichen haben wir bei unserer Mutter nicht beobachten können.

Aber der Kranke ist nahezu bis zuletzt gemütsmäßig durch Bekundungen von Liebe und Wertschätzung ansprechbar: durch Streicheln, Umarmen und andere Zeichen von Zuneigung. Hier haben die Angehörigen ein wichtiges Betätigungsfeld.

Mit etwas Humor

Phil Bosmans (1922–2012), ein belgischer katholischer Ordensgeistlicher und Verfasser geistlicher Schriften, soll den Satz geprägt haben: „Humor und Geduld sind Kamele, mit denen wir durch jede Wüste kommen."[66] Auch ich bin überzeugt davon, dass belastenden Situationen manchmal durch Humor ihre Schwere genommen werden kann.

Deshalb möchte ich Ihnen folgende witzige Szene nicht vorenthalten, die zwar konstruiert, aber dennoch voll aus dem Leben gegriffen ist. Darin beschreibt der Liedermacher und Autor Arno Backhaus, wie es zugehen kann, wenn nicht nur einer der Ehepartner dement (oder zumindest sehr vergesslich) ist, sondern der andere ebenfalls …

Ein altes Ehepaar sitzt vor dem Fernsehapparat. Als die Werbung beginnt, steht die Frau auf. „Gehst du in die Küche?", fragt der Mann. – „Ja, warum?" – „Dann tu mir doch bitte den Gefallen und bring mir aus dem Kühlschrank ein Stück Torte mit. Du kannst zwei Bällchen Eis dazulegen und einen Schuss Himbeergeist darüberschütten. Aber schreib dir alles auf, sonst vergisst du es!" – „Meinst du, ich bin blöd?", sagt die Frau und verschwindet in der Küche. Nach einer Weile kommt sie mit einem Teller zurück, auf dem zwei Spiegeleier liegen. Meint der Mann: „Und wo ist der Schinken?"[67]

13. Ende gut – hoffentlich alles gut

Als junger Gemeindepfarrer habe ich es oft erlebt, dass Menschen über ihren Tod hinaus wenig geklärt hatten. Suchte ich die Hinterbliebenen eines Verstorbenen auf, um ihnen meine Anteilnahme auszusprechen und die anstehende Beerdigung vorzubereiten, fragte ich stets: „Hat Ihr Verstorbener zu seiner Beerdigung etwas angedeutet oder gar vorbereitet: eventuell Lieder oder einen Bibeltext?" Gewöhnlich war die Antwort: „Nein, ganz und gar nicht. Mit diesem Thema durften wir dem Opa nicht kommen. Davon wollte er nichts wissen."

Die Folgen lagen auf der Hand: Die Angehörigen blieben mit einem Wust an ungelösten Problemen zurück. Oft waren auch Vermögens- und Erbschaftsfragen nicht geregelt. Wen wundert's, dass es in manchen Familien wegen des Erbes zu gehörigen Streitigkeiten kam.

„Herr, lehre uns bedenken, dass wir sterben müssen, damit wir klug werden" (Psalm 90,12). Klug verhält sich der, der rechtzeitig einkalkuliert: Meine Zeit ist begrenzt. Wer – vor allem im vorgerückten Alter – das sichere Ende nicht bedenkt, der gaukelt sich etwas vor. Der lügt sich in die Tasche und klammert das Tod-sichere aus. Doch alles Ausblenden und Verdrängen ist töricht.

Die Wahrheit schadet dagegen nie. Ich will deshalb weise mit der Tatsache umgehen, dass meine Lebensstrecke einmal ein Ende findet. Nun will ich nicht dem hinterherweinen, wozu ich nicht mehr in der Lage bin, sondern das in Angriff nehmen und womöglich auch genießen, was Gott mir täglich schenkt. Welche Konsequenzen sind jetzt zu ziehen?

Ein neues Zuhause

Es sind zunächst höchst praktische: Wo will ich meinen Lebensabend verbringen? Soll ich bzw. sollen wir im vorgerückten Alter umziehen? Tatsache ist: Gesünder und fitter werden wir wohl kaum. Eher zeigt die Kurve nach unten. Werden wir bald auf Hilfe angewiesen sein?

Manche fragen sich: Sollen wir vielleicht zu den Kindern ziehen, wenn bei denen die Möglichkeit und die Bereitschaft besteht, uns aufzunehmen? Viele machen damit gute Erfahrungen. Meine Frau und ich leben allein. Aber wir sind dankbar, dass wir zwei unserer Kinder in der Nähe wohnen haben. Das schafft eine sogenannte Win-win-Situation: Man hilft sich gegenseitig. Beide Seiten haben den Vorteil davon.

In manchen Orten sind Mehrgenerationenhäuser eingerichtet worden. Dort wohnen Menschen aller Altersstufen unter einem Dach zusammen. Man hilft sich wechselseitig – so das Konzept. Ältere kümmern sich beispielsweise um kleine Kinder oder um solche, die ihre Hausaufgaben zu erledigen haben. Deren Eltern erledigen für die Senioren einige Einkäufe und bringen sie zum Arzt. Jeder hilft jedem mit den Möglichkeiten, die er hat.

Andere überlegen, in ein Seniorenheim überzuwechseln. Früher nannte man das einfach und schmucklos „Altenheim". Mittlerweile hat man immer blumigere Namen dafür gefunden: Seniorenresidenz, Haus der Ruhe, Wohnpark, Seniorendomizil etc. Der Umzug ist besonders dann angeraten, wenn bereits erhebliche gesundheitliche Einschränkungen vorhanden sind und ein ambulanter Pflegedienst nicht ausreicht, um das Wohnen zu Hause weiter zu gewährleisten. Hier stellen sich natürlich auch finanzielle Fragen.

Bei unserer Mutter haben deren Rente und die Einordnung in die höchste Pflegestufe nahezu vollständig ausgereicht, den Heimaufenthalt zu bezahlen. Auf uns kamen nur geringe Ausgaben zu. Im Vorfeld hatten wir zahlreiche Prospekte von Heimen eingeholt und uns gewundert, wie weit die Schere des Preisgefüges auseinanderging. Es lohnt sich also, sorgsam zu prüfen. Das betrifft auch die Inhalte, die in den Häusern – neben einer guten Pflege – geboten werden: Gottesdienste und Andachten, Singen, Basteln, kleine sportliche Betätigungen etc.

Manche unserer älteren Freunde sind in ein Seniorenheim übergewechselt. Die meisten haben bedauert, diesen Schritt zu lange hinausgezögert zu haben. Sie hätten es leichter gehabt, so ihre Überzeugung, sich in das Neue einzufinden, wenn sie ein bisschen jünger und fitter gewesen wären. Aber man hängt ja an seinem Zuhause und verlässt es gewöhnlich erst, wenn es nicht mehr anders geht.

Im Fall der Fälle

Zum Bedenken unseres Lebensendes gehört auch das Ausstellen einer Patientenverfügung.[68] Zumindest sollte mit den engsten Angehörigen bedacht werden, was im Ernstfall geschehen sollte.

Der Oberarzt einer Universitätsklinik berichtete von den Schwierigkeiten im praktischen Umgang mit einer Patientenverfügung. Er gab zu bedenken: Da haben Leute im besten Alter eine entsprechende Verfügung ausgestellt, in der sie beispielsweise auf Apparatemedizin (die steht in schlechtem Ruf!) und lebensverlängernde Maßnahmen verzichten. Aber, so meinte der Oberarzt, das sagt sich schnell dahin, wenn man gesund ist.

Die Angehörigen haben im akuten Fall vielleicht eine andere Meinung und sind überzeugt, dass hier medizinisch noch manches möglich ist. Die Ärzte, beklagte der Oberarzt, sehen sich im Dilemma. Was gilt nun? Welche Maßnahmen dürfen jetzt ergriffen werden? Welche nicht? Im Konfliktfall haben wir Ärzte, so seine Schlussfolgerung, immer den Staatsanwalt im Nacken.

Meine Frau und ich haben keine Patientenverfügung erstellt. Vielmehr haben wir mit unseren Kindern bedacht, was sie im Ernstfall unternehmen sollen: keine lebensverlängernden Maßnahmen, wenn diese aussichtslos sind. Die Adressen unserer Kinder tragen wir stets bei uns, sodass diese leicht erreichbar sind.

Wer soll in einem Unglücks- oder gar Todesfall informiert werden? Auch das muss rechtzeitig bedacht werden. Im Notfall überschlagen sich leicht die Ereignisse. Da ist es gut, wenn die entsprechenden Namen und Adressen verfügbar sind. Deshalb haben wir eine Liste erstellt, was in unserem Todesfall zu tun ist: Wer ist zu informieren (Einzelpersonen, Institutionen, Versicherungen etc.)? Wo befinden sich welche Ordner?

Meine Frau und ich haben vor einigen Jahren ein Testament erstellen lassen und dessen Kopien bei unseren Kindern deponiert. Es soll nach unserem Tod kein Streit über Geld und Wertgegenstände entflammen.

Das Ende gut vorbereiten

Merken wir uns: Das „Sterben" will rechtzeitig geübt sein – auch wenn es noch weit weg sein mag. Das tut der, der zeitlebens bewusst loslässt und hergibt. Haben wir es lebenslang bewusst praktiziert, fällt es jetzt im Fall der Fälle leichter.

Die schwerste Lektion besteht darin, das loszulassen, was man liebt. Ich denke da vor allem an die Kinder. Wir sind nicht deren Eigentümer und wollen sie nicht an uns ketten, sondern freigeben und fit machen für ihr eigenes Leben.

Über sie haben wir nicht mehr zu bestimmen. Sie gehen ihren eigenen Weg. Wir beten täglich für sie und unsere Enkel und pflegen vielfältige Kontakte.

Wie wichtig die rechtzeitige Vorbereitung auf den Ernstfall sein kann, ist uns vor einigen Jahren drastisch klar geworden. Wir fuhren mit dem Auto aus dem Erzgebirge zurück. Auf der zweispurigen Autobahn zwischen Chemnitz und Leipzig wurde in den Verkehrsnachrichten ein Geisterfahrer gemeldet. Aber der war noch zig Kilometer von uns weg. „Das hat noch Zeit", dachten wir. Als wir überholten und dann einscherten, brauste in Sekundenbruchteilen tatsächlich der Geisterfahrer heran und zog an uns vorbei.

Uns ist das Leben neu geschenkt worden. Wir haben unseren Gott gelobt und gepriesen. „In wie viel Not hat nicht der gnädige Gott über dir Flügel gebreitet." – Dabei hat der Dichter Joachim Neander (1650–1680) wahrlich noch nicht an einen Geisterfahrer denken können.

Welche Lieder sollen bei der Beerdigung gesungen werden? Dabei ist nicht nur an solche Lieder zu denken, die uns selbst ans Herz gewachsen sind, sondern auch an solche, die der Gemeinde gut bekannt sind. Über welchen Bibeltext soll gepredigt werden? Welche Botschaft soll der Trauergemeinde vermittelt werden, gleichsam als unser Vermächtnis? Wenn wir uns auf einen Prediger festlegen, sollte dieser zweckmäßigerweise einige Jahre jünger sein als wir.

Bei meiner Mutter hatten wir einen Grabplatz gewählt, auf dem eine Platte an den Namen und die Lebensdaten erinnert. Da wir nur selten in diese Gegend kommen, erübrigt sich somit die auch zeitlich aufwendige Grabpflege. Die erledigt der Gärtner mit seinem Rasenmäher. So ähnlich soll es auch bei meiner Frau und mir einmal sein. Auf meiner Platte könnte stehen: „Jesus lebt, mit ihm auch ich."

Wofür soll bei meiner Beerdigung gesammelt werden? Ich

persönlich lege keinen Wert darauf, dass meinem Sarg ein Wagen voller Kränze nachgeführt wird. Vielmehr sollten Gaben für einen guten Zweck zusammengelegt werden. Den Zweck habe ich mit meiner Frau bereits festgelegt.

Zum guten Ende gehört auch, dass wir uns um ein versöhntes, friedliches Leben mit anderen Menschen bemühen. Jeder Tag könnte unser letzter sein. Wollen wir mit Hass und Unfrieden im Herzen sterben? Wir sollten hier und in der Ewigkeit jedem ins Auge sehen können, notfalls eine Versöhnung anstreben und gegebenenfalls den ersten Schritt dazu gehen.

Daneben lasst uns unser Verhältnis zu Gott bereinigen und unsere Schuld durch Jesus vergeben lassen. Dann gehen wir getrost auf morgen zu.

Der Schritt in die Ewigkeit

Dann kommt der Zeitpunkt, dann geben wir Gott die anvertraute Zeit zurück. Rechenschaft wird gefordert. Wir sind viel schuldig geblieben. Viel Zeit haben wir vergeudet, statt sie im Sinne Gottes zu nutzen. Doch weil Jesus unser Fürsprecher ist, schauen wir ohne Angst und Bangen dem Kommenden entgegen.

„Kommt wieder, Menschenkinder", bittet Gott (Psalm 90,3). Nach Hause sollen wir kommen, ans Ziel. Wir werden erwartet. Dann mündet die Zeit in die Ewigkeit ein. Das Ziel unseres Lebens liegt also *hinter* dem Leben, das wir jetzt führen. Unser Lebensweg ist nicht das Ziel, sondern ein Wandern zur Ewigkeit. Dann erst beginnt unser eigentliches Leben. Die Zeit jetzt ist Zubringer.

Es kommt auf uns zu, „was kein Auge gesehen hat und kein Ohr gehört hat und in keines Menschen Herz gekommen ist, das hat Gott denen bereitet, die ihn lieben" (1. Korinther 2,9). Mit Freude und großer Erwartung schauen wir nach vorn. Wir gehen auf das Leben zu.

Alle sagen: Nach dem Leben kommt der Tod. Nein, halten wir als Christen dagegen: Nach dem Tod folgt das Leben. Unser Leben hier ist lediglich der Auftakt, die Ouvertüre zu dem, was einmal auf uns zukommen wird. Als Christen haben wir das Schönste immer noch vor uns. Deshalb haben wir heute alle Zeit der Welt und die Ewigkeit dazu.

„Ich gehe auf das Leben zu." So hat auch Irmgard Carlsdotter ihr Tagebuch überschrieben, das sie während ihrer tödlichen Krankheit geführt hat.[69] Sie litt an der Amyotrophischen Lateralsklerose (ALS) und musste erleben, wie ihre körperlichen Kräfte von Tag zu Tag schwanden. Dennoch wusste sie sich in ihrem Glauben an Jesus Christus geborgen.

Als Christen sind wir gewiss: Der Tod bringt uns nicht mehr *ums* Leben, sondern *ins* Leben. Wir werden einmal sterben, aber wir sind keinen Augenblick tot. Wenn wir hier unsere Augen schließen, wachen wir bei Jesus auf. So meint es der Apostel Paulus in seinem Brief an die Gemeinde in Philippi: „Ich habe Lust, aus dieser Welt zu scheiden, um bei Christus zu sein" (Philipper 1,23). Was für eine Perspektive!

Am Ende unseres Lebens bleibt die Liebe, wie Jörg Zink aus eigener Erfahrung unterstreicht: „Ich bin ein alter Mann. Sozusagen in der letzten Runde. Vielleicht auch schon auf der Zielgeraden. Wie lebt man in diesem Alter, um noch ein wenig deutlicher das zu werden, was wir einen Christen nennen? Vielleicht so: Für alles danken. So vermeidet man die Bitterkeit. Verzeihen, ohne Aufhebens davon zu machen. So gewinnt man immer mehr Raum. Immer weniger mit Gewalt und Autorität tun und immer mehr mit Geduld. Immer weniger hassen und ablehnen. Sich an immer mehr mitfreuen. Immer weniger fordern und immer weniger verweigern. Am

Ende alle Grundsätze ablegen. Im Ernstfall genügt ein wenig Barmherzigkeit. Am Ende bleibt die achtsame Liebe."[70]

Der Gerechte wird grünen wie ein Palmbaum, er wird wachsen wie eine Zeder auf dem Libanon. Die gepflanzt sind im Hause des HERRN, werden in den Vorhöfen unsres Gottes grünen. Und wenn sie auch alt werden, werden sie dennoch blühen, fruchtbar und frisch sein, dass sie verkünden, wie der HERR es recht macht (Psalm 92,13-16a).

Solang ich lebe

*Am ersten Tag in meinem Leben,
bei meinem allerersten Schrei,
hast du schon auf mich Acht gegeben,
seitdem warst du mir immer treu.
Du hast mich bei der Hand gefasst
und auf mich aufgepasst.*

*Auch in den wilden jungen Jahren,
in Aufruhr, Zweifel, Übermut,
hab ich an jedem Tag erfahren:
Du bist bei mir und meinst es gut.
Du hast mich niemals eingeengt,
hast dich nie aufgedrängt.*

*Du warst mir nah auf allen Wegen,
beim Reifen und Erwachsensein.
Hast mich berührt mit deinem Segen
und mich gestärkt mit Brot und Wein.
So wuchs heran, was in mir steckt.
Du hast es aufgeweckt.*

Wenn meine Schritte schwächer werden,
wenn Falten zieren meine Haut,
wenn ich gebeugt bin von Beschwerden,
das Alter schon mein Haar ergraut.
Dann gib mir doch trotz allem Schwung,
erhalt mein Herz mir jung.

Ich will es meinen Kindern sagen,
die Enkel sollen's alle hörn.
Wie treu du bist an allen Tagen,
wie froh ich bin, dir zu gehörn.
Solang ich lebe, dank ich dir,
schenk mir die Kraft dafür.

Christoph Zehendner
(Melodie: Ich will dich lieben, meine Stärke)[71]

Quellenangaben

[1] © Dr. Thomas Roth.
[2] Fritz Schroth, Alter neu sehen, 5.
[3] C. G. Jung, in: Heiderose Gärtner-Schultz, Gläubige gehen nicht in Rente, Initiation in die Alterskreativität, Deutsches Pfarrerblatt, 9/2012, 506.
[4] Nossrat Peseschkian aus: Der Kaufmann und der Papagei, Frankfurt 1979, in: Für jeden neuen Tag 21, 25.
[5] Manfred Lütz, Bluff, München: Droemer, 2012, 124.
[6] Zitiert in: Gärtner-Schultz, a. a. O.
[7] Manfred Lütz, a. a. O.
[8] Fritz Schroth, a. a. O.
[9] Religionsmonitor 2008, Bertelsmann Stiftung Gütersloh, 54.
[10] Eberhard Jüngel, Tod, Stuttgart/Berlin 1971, 86.
[11] Odda-Gebine Holze-Stäblein, Keiner lebt für sich allein – vom Miteinander der Generationen, Texte EKD-Synode Magdeburg 2004, 58.
[12] Evangelische Arbeitsgemeinschaft für Altenarbeit in der EKD.
[13] Odda-Gebine Holze-Stäblein, a. a. O, 58.
[14] Gärtner-Schultz, a. a. O, 506.
[15] Joachim Fuchsberger, Altwerden ist nichts für Feiglinge, Gütersloh 2012, 11.
[16] Siehe idea-Meldung vom 15.10.2019.
[17] Paul Tournier, Erfülltes Alter, Bern: Humata-Verlag Blume 1981.
[18] Hannoversche Allgemeine Zeitung vom 22.2.12, 5.
[19] Ekkehard Böhm, in: Hannoversche Allgemeine Zeitung vom 5.5.12, a. a. O.
[20] Handwerkspräsident Otto Kentzler, in: Hannoversche Allgemeine Zeitung vom 5.5.12, a. a. O.
[21] Ekkehard Böhm, a. a. O.
[22] MAIN POST vom 22.10.2019, 1.
[23] Bei: Marie-Luise Kaschnitz, Dein Schweigen – meine Stimme, Hamburg-Düsseldorf 1962 (für jeden freien Tag 5, 14).
[24] Betonung auf der zweiten Silbe.
[25] Heiderose Gärtner-Schultz, Deutsches Pfarrerblatt 9/2012, 506.
[26] Ekkehard Böhm, Arbeit als Wert, Hannoversche Allgemeine Zeitung vom 5.1.2012.
[27] Bei Fritz Schroth, a. a. O, 14.
[28] Hannoversche Allgemeine Zeitung vom 1.7.13, 1.
[29] https://www.meine-gebete.info/hl-theresa-von-avila-gebete/#Gebet_des_aelter_werdenden_Menschen, abgerufen am 14.03.2020.

30 „Lebensregeln für ältere Menschen im Verhältnis zu jüngeren", aus: Karl Barth, Carl Zuckmeyer. Späte Freundschaft in Briefen, TVZ 2002. © Theologischer Verlag Zürich.
31 Hannoversche Allgemeine Zeitung, 23./24.05.2015, Nr. 118; Seite III/1.
32 Für jeden freien Tag 21, 21.
33 test 12/2018.
34 Ebd.
35 ideaSpektrum, 35/2019, 7.
36 Der Herbst des Lebens, in: gemeinschaft 7/96 (apis), 3.
37 Für jeden neuen Tag 21, 21.
38 Bei: Christel Hausding (Hrsg.), Reife Menschen sind gefragt, Holzgerlingen 2007, 83.
39 Hannoversche Allgemeine Zeitung vom 4.9.13.
40 ideaSpektrum, 6.2011.
41 Fuchsberger, a. a. O, 212.
42 In: Helmut Matthies, Gott kann auch anders, Basel 2019, 197.
43 In: SPIEGEL 43/2014, 127.
44 idea, 26.3.2019, 9.
45 Bruno Schrage, Beatrice Döhner, „Singen Sie?", in: Deutsches Pfarrerblatt 7/2012, 383.
46 https://www.spiegel.de/wissenschaft/stefan-koelsch-haelt-musik-fit-und-macht-gesund-a-00000000-0002-0001-0000-000163612111, abgerufen am 04.03.2020.
47 Ebd.
48 Ebd.
49 Ebd.
50 Schrage, Döhner, a. a. O.
51 Hannoversche Allgemeine Zeitung vom 1.7.13, 1.
52 Charles Haddon Spurgeon, Ratschläge für Prediger, Wuppertal 1962, 134.
53 Franziskus/Benedikt, Lumen fidei, Enzyklika, Leipzig 2013, 115.
54 In: Kurt Aland, Luther Deutsch, Stuttgart 1957, Bd. III, S. 106.
55 https://www.svz.de/13088746, abgerufen am 04.03.2020.
56 https://www.aus-liebe-zu-gott.de/Albert-Schweitzer%3A.html, abgerufen am 14.03.2020.
57 Philipp Jacob Spener, Pia desideria, 50.
58 Aus dem Lied „Die Handschrift ist zerrissen", in: Jesus – unsere Freude, Gemeinschaftsliederbuch, Gießen 1995, Nr. 290, Strophe 5.
59 Dietrich Bonhoeffer, Berlin 1932–1933, DBW Band 12, 445.
60 Die Stadt in der Wüste, Düsseldorf 1967 (in: Für jeden neuen Tag, 24).
61 Aus: tempus, 32. Woche 2013.
62 Tagebuch 1889–1939, Stuttgart (in: An jedem neuen Tag 1, 26).
63 Dorothea Greiner, bayerische Regionalbischöfin, in: https://www.idea.

de/frei-kirchen/detail/bayerische-regionalbischoefin-gegen-liberalisierung-der-sterbehilfe-88068.html, abgerufen am 14.03.2020.
[64] idea-Pressedienst vom 6.8.12.
[65] Klaus Depping, Altersverwirrte Menschen seelsorgerlich begleiten, Band 1, Luth. Verlagshaus Hannover 2008, 45.
[66] https://www.aphorismen.de/zitat/162753, abgerufen am 14.03.2020.
[67] Arno Backhaus, Lieber Lachfalten als Tränensäcke, Moers: Brendow 2013^9, 88.
[68] Sie können im EKD-Kirchenamt in Hannover abgerufen werden, ebenso bei der Deutschen Zeltmission (dzm) in Siegen.
[69] Verlag für Jugend und Gemeinde, Wesel 1980^2.
[70] In: ESW-Wortsaat, Informationsbrief Nr. 79/2015, Ausgabe Juni, 10f.
[71] „Solang ich lebe", Text: Christoph Zehendner, Melodie: Johann Balthasar König (1738; ‚Ich will dich lieben, meine Stärke'), © (Text) SCM Hänssler, Holzgerlingen.

Christoph Morgner

Gelassen leben lernen

wenn Sorgen uns bedrängen

64 Seiten, Taschenbuch
ISBN 978-3-7655-3714-1

Christoph Morgner weiß, wovon er schreibt: Er kennt Sorgen, besonders die Sorgen rund um eine schwere Krankheit, die an den Rand des Todes führt. Er kennt den Weg, trotz allem zu Geborgenheit und Gelassenheit zu finden – und zwar beides aus eigenem Erleben. Und er findet dazu die richtigen Worte, die dem Leser Zuversicht und einen nüchternen Blick vermitteln – auf die Sorgen und auf die Realitäten Gottes.

In diesem Buch erfährt der Leser wie es gelingt, die Spannungen des Alltags, auch existenzielle, auszuhalten, trotz Sorgen am Vertrauen auf Gott festzuhalten um daraus neue Zuversicht im Leben zu gewinnen.

BRUNNEN VERLAG GIESSEN
www.brunnen-verlag.de

Christoph Morgner (Hrsg.)

Tinte, Thesen, Temperamente

Ein Lesebuch auf den Spuren von Martin Luther

144 Seiten, Paperback
ISBN Buch 978-3-7655-2064-8
ISBN E-Book 978-3-7655-7450-4

Die Wartburg und das legendäre Tintenfass – die kernigen Lutherlieder – Katharina von Bora, Luthers tatkräftige Ehefrau – die Kunst, dem Volk „aufs Maul zu schauen" – Luthers Äußerungen zu politischen Themen – Luther als Seelsorger – Reiseziele auf Luthers Spuren ...

Ein Lesebuch, das auf unterhaltsame Weise Leben und Wirken des großen Reformators beleuchtet. Im lockeren Stil geschrieben, lenkt es den Blick auch auf weniger bekannte, überraschende Seiten des Mönchs, der die Welt aus den Angeln hob. Ein gelungener Querschnitt!

BRUNNEN VERLAG GIESSEN
www.brunnen-verlag.de